"十四五"婴幼儿托育服务与管理专业融媒体教材

婴幼儿活动设计与指导

主编　王绍才

河南科学技术出版社

·郑州·

图书在版编目（CIP）数据

婴幼儿活动设计与指导 / 王绍才主编．—郑州：河南科学技术出版社，2023.8

ISBN 978-7-5725-1007-6

Ⅰ.①婴…　Ⅱ.①王…　Ⅲ.①婴幼儿－早期教育　Ⅳ.① G61

中国国家版本馆 CIP 数据核字（2023）第 163530 号

出版发行：河南科学技术出版社

地址：郑州市郑东新区祥盛街27号　　邮编：450016

电话：（0371）65788613　　65788629

网址：www.hnstp.cn

策划编辑：仝广娜

责任编辑：李　林

责任校对：刘逸群

整体设计：张　伟

责任印制：朱　飞

印　　刷：河南奈斯数字科技有限公司

经　　销：全国新华书店

开　　本：787 mm × 1092 mm　1/16　　印张：11　　字数：235 千字

版　　次：2023年8月第1版　　2023年8月第1次印刷

定　　价：40.50元

“十四五”婴幼儿托育服务与管理专业融媒体教材编审委员会

本书编委会

主　编　王绍才

副主编　邬丽华

编　委　（按姓氏笔画排序）

王绍才　南阳科技职业学院
邬丽华　郑州卫生健康职业学院
刘　阳　南阳科技职业学院
刘亚晓　北京打造前程互联网教育科技有限公司
宋　楠　南阳科技职业学院
荆改丽　河南应用技术职业学院
程维祎　中原科技学院

编写说明

2019年5月，《国务院办公厅关于促进3岁以下婴幼儿照护服务发展的指导意见》发布，首次提出婴幼儿照护的概念，明确婴幼儿照护服务发展工作由卫生健康部门牵头，发展改革、教育等17个职能部门分工协作。《中华人民共和国国民经济和社会发展第十四个五年规划和2035年远景目标纲要》也提出：加快发展健康、养老、托育等服务业，加强公益性、基础性服务业供给，扩大覆盖全生命期的各类服务供给。婴幼儿托育服务已成为当前重要且迫切需要发展的民生与民心工程。

发展婴幼儿照护服务、解决家庭生育后顾之忧，是国家人口可持续发展战略中的一项重要举措。2021年以前，没有针对托育机构服务与管理的学历教育培养专门人才，已有的短期培训机构培养的从事婴幼儿照护的工作人员也不足以支撑日益增长的婴幼儿照护服务人才的广泛社会需求。在这样的形势下，教育部2021年3月发布的《职业教育专业目录》中，对婴幼儿托育专业的归属做出调整，将公共服务大类中的“幼儿发展与健康管理”更名为“婴幼儿托育服务与管理”，并调整到医药卫生大类中。

高质量的照护服务离不开高质量的人才队伍建设。为了加强婴幼儿照护服务专业化、规范化建设，满足婴幼儿托育服务与管理专业的教学需求，我们根据中国妇幼保健协会婴幼儿养育照护专业委员会提出的“健康、营养、安全、回应性照护和早期学习机会”的照护目标和照护策略，以培养“能照护、能急救、能支持、能指导”的婴幼儿托育服务人才为导向，邀请相关育婴服务行业的专家做指导，组织二十余所开设婴幼儿托育服务与管理专业的职业院校的骨干教师，编写了本套教材。

本套教材具有以下特点：

1. 以最新的“课程标准”为依据——我们以国家卫健委发布的婴幼儿托育服务与管理专业的教学标准为依据设置课程体系。

2. 课证融合——本套教材内容涵盖了保育师、育婴员及“1+X”幼儿照护职业技能等级证书的要求。

3. 新形态一体化的内容体系——以情景案例导入，在正文中穿插知识链接、课程思政等元素，每章末尾设置“讨论与思考”，通过开放性问题启发思维，PPT课件、小结等有助于学生掌握知识要点，扫码做同步练习题可以即时进行学习检测。

因为是新专业、新教材，尽管我们克服重重困难，广泛征求了专家意见，深入调研了托育机构的专业需求，并多次召开会议讨论，努力进行了多方面的探索和实践，但是由于编委们进行的大多是开创性工作，教材内容可能仍存在不足之处，恳请各界同仁及使用本教材的广大师生多提宝贵意见和建议，使之逐步完善。

“十四五”婴幼儿托育服务与管理专业融媒体教材编审委员会

2022年8月

前言

我国现代著名儿童心理学家、幼儿教育专家——幼儿教育之父陈鹤琴先生曾说：“我们知道幼稚期（自出生至7岁）是人生中最重要的一个时期，习惯、言语、技能、思想、态度、情绪都要在此时期打下基础，若基础打不牢固，健全的人格就不容易建造。”研究发现，婴幼儿3岁时大脑发育完成率达到80%，掌握信息的能力是其他人生阶段不可比拟的。2018年，世界卫生组织、世界儿童基金会联合发布了《养育照护框架—促进儿童早期发展》，指出儿童干预、培育性照护更需要渗透到0~3岁的婴幼儿。

为深入学习贯彻习近平总书记关于注重婴幼儿托育服务发展的系列重要论述精神，全面落实《国务院办公厅关于促进3岁以下婴幼儿照护服务发展的指导意见》，坚持正确育人方向和学术研究的正确导向，提升托育机构婴幼儿托育服务专业能力，促进托育服务科学化、规范化、专业化高质量发展，针对当前托育服务存在的托育资源不足、人员队伍滞后、机构缺乏监管等突出问题，本书编写着力围绕从优质人才队伍培养到职业技能全过程培训，以婴幼儿健康发育为核心价值追求，坚持儿童优先，最大限度保护其安全与健康，积极促进婴幼儿身心健康成长，并遵循婴幼儿身心发育规律，将婴幼儿托育服务人员作为社会急需紧缺人才，全面提高婴幼儿托育服务能力和水平。

早期教育旨在依托托幼机构、家庭和社区，通过全面启蒙性教育，促进儿童健康快乐成长。因此，《婴幼儿活动设计与指导》着重提升0~3岁婴幼儿老师五大领域核心工作能力，内容包括婴幼儿动作活动的设计、婴幼儿认知活动的设计、婴幼儿语言活动的设计、婴幼儿情绪情感与社会性活动的设计、婴幼儿艺术（音乐和美术）相关活动的设计、婴幼儿游戏活动的设计等。

本书编写团队拥有多年婴幼儿早期教育和婴幼儿生理、心理护理的相关丰富经验，通过大量实践案例总结出本书精华，为从事婴幼儿活动设计与指导的老师和学生奠定坚实的理论与实践基础。

本书可供大中专院校、职业院校相关专业师生和托幼机构使用。

编者

2022年5月

目　录

第一章 绪 论

学习目标

1. 了解婴幼儿活动设计与指导的概念、幼儿园教育活动设计。

2. 掌握婴幼儿活动设计与指导的原则。

3. 掌握制订婴幼儿活动设计与指导的方法和步骤，便于开展婴幼儿的活动设计与指导。

第一节 婴幼儿活动设计与指导概述

情景导入

依依，女，1岁1个月，会简单地叫“爸爸、妈妈”。阳阳，女，3岁，能背诵《咏鹅》。

请思考：以上2名幼儿活动设计时应遵循哪些原则？

一、婴幼儿活动设计与指导的概念和幼儿园教育活动设计

（一）婴幼儿活动设计与指导概念

婴幼儿活动设计与指导可被看成是对老师教学组织行为的一种预先筹划，它是对一系列外部事件进行精心设计、安排与指导。婴幼儿活动内容来源于婴幼儿的生活，活动设计与指导应符合婴幼儿年龄特点、兴趣和需要。它既可以促进婴幼儿身心全面发育，也是评价老师专业技能的重要内容。

（二）幼儿园教育活动设计

幼儿园教育活动设计是实施幼儿园教育活动的前提条件，也是老师依据一定的教育目

标，选择合适的教育内容，在一定时段内对幼儿施加教育影响的计划或方案。

二、婴幼儿活动设计与指导的特点

（一）广泛性与启蒙性

婴儿自出生后，所接触的事物涉及生活的方方面面，包括自然环境、社会环境，具有广泛性和丰富性；而从婴幼儿的认识水平和年龄特点来看，婴幼儿所能接受、理解的教育和活动内容粗浅、初步、简单。例如，辨别爸爸、妈妈、颜色等。在活动过程中，婴幼儿可能是第一次接触，要达到启蒙教育的目的。

（二）趣味性和游戏化

游戏是对婴幼儿进行全面发育教育的重要形式。例如，“听指令做动作”“找朋友”“躲猫猫”等，都是通过趣味游戏的方式训练婴幼儿动作技能。老师在选择、组织、安排婴幼儿活动时，应不强调知识内容的系统性和逻辑性，而更注重激发婴幼儿对事物认识的兴趣，在活动的形式、方法、内容和过程中，注意活动的趣味性、游戏化，使婴幼儿愿意参与活动，能在“玩中学，学中玩”。

（三）活动性与参与性

老师设计活动的主体是婴幼儿，因此，在活动时应充分体现婴幼儿的主体地位，使婴幼儿积极主动地在活动过程中完成活动的实践参与。例如，在活动中，老师要强调婴幼儿的多种感官，鼓励他们去看、去听、去闻、去尝、去摸或者摆弄玩具……以帮助婴幼儿在多种活动中更好地认识事物。

（四）综合性和整体性

婴幼儿活动内容的设计要考虑婴幼儿感兴趣的事物和领域，各领域内容要有机联系，相互渗透，注重综合性和整体性，从不同角度促进婴幼儿情感、态度、能力、知识、技能等方面的发育。例如，对鞋的认识，可以先观察自己的鞋、父母的鞋、不同季节的鞋，再深入了解不同鞋的形状、颜色、材料、款式、大小等方面的区别，在这个过程中，婴幼儿要进行观察、比较、提问、收集信息、讨论、合作、设计、交流等，充分体现婴幼儿知识经验形成过程中的综合性和整体性。

（五）随机性和潜在性

老师要“善于发现婴幼儿感兴趣的事物、游戏和偶发事件中所隐含的教育价值，把握时机，积极引导”。例如，秋天来了，老师可带领婴幼儿在院子里散步，发现掉在地上的片片树叶，老师可让婴幼儿捡起，观察颜色、形状等，既可以培养婴幼儿的观察能力、比较能力、表达能力，又可以训练婴幼儿数数的技能。老师要注意发现周围事物，及时发现

教育活动的契机，并主动挖掘其潜在的教育价值，不断生成新的活动内容。

三、婴幼儿活动设计与指导的意义

（1）促进婴幼儿身体和心理健康发育。

（2）培养婴幼儿对社会、对集体、对别人、对自己的正确态度。

（3）培养婴幼儿良好的卫生习惯和生活习惯。

（4）激发婴幼儿对学习的浓厚兴趣和对创造的强烈愿望。

（5）发展婴幼儿的观察能力、思考能力和语言表达能力。

（6）发展婴幼儿的美感。

（7）陶冶婴幼儿的情操。

四、婴幼儿活动设计与指导原则

（一）科学性原则

老师设计的教育活动内容应符合事物发展的一般规律，并能够帮助婴幼儿正确客观地认识事物。

（二）主观能动性原则

在老师引导下，婴幼儿通过自己主观判断和实践活动来获得知识经验。婴幼儿可根据自己的兴趣需求选择活动的内容和形式。老师多给婴幼儿思考、讨论的机会，多运用启发式的教学方法，让婴幼儿多观察、多动脑、多动手、多表达。

（三）发育性原则

设计教育活动时应考虑活动的内容和目标，要切实结合婴幼儿的年龄特点，关注婴幼儿最近发育区，一切从实际出发。

（四）综合整体性原则

老师要善于发现生活中的教育契机，将教育渗透于婴幼儿的活动中，要有技巧地将五大领域内容有机地整合在一起，科学合理地利用一切有教育价值的因素对婴幼儿施以教育影响。

（五）直观趣味性原则

老师设计活动时运用直观趣味性的手段，调动婴幼儿学习的主动性，吸引婴幼儿的兴趣，集中婴幼儿注意力，达到寓教于乐的目的。根据不同年龄阶段婴幼儿特点，选择和指导游戏、创设游戏，充分调动婴幼儿活动的积极性、主动性，使教学活动更生动、形象、富有童趣。

（六）艺术性、创造性原则

老师能够艺术性、创造性地运用各种方法、手段、形式等组织各类教育活动，大胆尝试，不断创新，同时尊重婴幼儿的艺术创造性，多挖掘和保护婴幼儿的想象力和创造力。

知识链接

我国的教育目的

我国的教育目的是培养德、智、体、美、劳全面发展的社会主义事业的“建设者和接班人”。

因此，任何教育都必须是全面发展的教育。教师组织每一个活动，都必须把着眼点放在促进婴幼儿身体、心理和社会性等方面的全面、和谐发展上。婴幼儿在活动中获得全面、和谐的发展是教师实施和指导各种教育活动的落脚点。

第二节　婴幼儿活动设计与指导策略

情景导入

春天到了，小草和树木发芽，长出了绿叶。张老师根据婴幼儿的兴趣，设计了一个观察幼儿园门前树木的活动。在这个活动中，张老师设计婴幼儿观察树叶形状、颜色、大小的问题。

请思考：该活动的设计方法是什么？优点是什么？

一、婴幼儿活动设计方法的类型

（一）语言类方法

1. 讲述法　老师以“述”为主，老师用生动形象的语言，对活动内容进行系统的叙述或描述，从而让婴幼儿理解和掌握知识的方法。

2. 讲解法　老师以“解”为主，老师在对活动事实进行综合分析的时候做出科学的判

断和推论，帮助婴幼儿掌握正确的规律的方法。

3. 谈话法 老师根据活动的内容和目的，对婴幼儿提出问题，婴幼儿在问答的过程中获取知识。

4. 讨论法 在老师的指导下，婴幼儿以小组或全班为单位，围绕活动的中心问题各抒己见，通过讨论获得知识经验或巩固知识经验的方法。

（二）直观类方法

1. 观察法 老师有计划、有目的地利用活动吸引婴幼儿感知客观事物的方法。

2. 示范法 老师通过自己或婴幼儿的语言、动作、声音或通过经过选择的图画、剪纸和典型事例，使婴幼儿进行模仿学习的方法，是各活动常用的方法。

3. 范例法 老师通过对“范例”活动内容的讲解，使婴幼儿掌握同一类知识规律的方法。

4. 演示法 老师向婴幼儿展示各种实物或直观教具，使婴幼儿获得关于某一事物或现象的感性认识的方法。

5. 欣赏法 老师引导婴幼儿体验事物的真善美，借以树立道德感，激励和培养审美感的方法。它分为美的欣赏、道德的欣赏和理智的欣赏。

（三）实践类方法

1. 游戏法 婴幼儿在生动活泼的气氛和欢乐愉快的活动中，体会生活、得出结论、受到教育或明白道理的方法。

2. 操作练习法 在老师指导下，婴幼儿通过独立的智力、体力和情感活动，运用已有的知识、经验解决有关问题，或反复多次完成某些动作和行为，以进一步理解和巩固已有的知识经验，并培养相应的技能技巧和形成良好的行为习惯的方法。

3. 实验法 在老师指导下，婴幼儿利用一定的实验材料，控制一定的条件，作用于一定的对象，以引起事物或现象的某种变化，婴幼儿从观察这些变化中直接获得知识经验的方法。

4. 探究法 也称发现法，是婴幼儿根据活动情境提出问题，并有计划、有目的、有步骤地进行研究与探索，通过自己探索，发现事物变化的因果关系和内在联系，构建相应经验的方法。

二、婴幼儿活动设计方法的要求

（1）根据教育活动目标选择活动设计方法。

（2）根据活动的具体内容选择活动设计方法。

（3）根据婴幼儿的年龄特征和学习特点选择活动设计方法。

（4）各种活动设计方法有机结合，发挥最佳功效。

三、婴幼儿活动设计与指导策略的组织类型

（一）个别活动

个别活动是指婴幼儿独自活动、老师予以个别指导的活动形式，有利于因材施教、发挥婴幼儿的主体性。个别活动对老师、设备有更高的要求，对老师的教育技巧要求更高。

（二）小组活动

小组活动是指婴幼儿分小组进行活动的形式，老师提供环境和材料，发挥间接指导的作用。婴幼儿自主探索、协作的机会更多，可以充分表现自己，有利于独立、自主、协作等精神的培养。

（三）集体活动

集体活动指全体婴幼儿共同参与，老师面向全体婴幼儿进行的一种有目的、有计划、有组织的学习活动形式。集体活动能发挥集中性和统一性，但容易导致不能充分考虑每个婴幼儿的特点、兴趣、需要，婴幼儿的表现机会少，不利于有针对性地培养各种能力。

课程思政

集体力量

一堆沙子是松散的，可是它和水泥、石子、水混合后，比花岗岩还坚韧。

——王杰

一滴水只有放进大海里才永远不会干涸，一个人只有当他把自己和集体事业融合在一起的时候才能最有力量。

—— 雷锋

四、婴幼儿活动设计与指导策略步骤

（一）婴幼儿情况分析与设计策略意图

1. 情况分析 主要分析婴幼儿已具备哪些与该活动有关的知识、技能、能力、兴趣，存在问题及婴幼儿的个别差异等，从而使活动能满足婴幼儿的需要。

2. 设计意图 主要阐述主题产生的原因及与婴幼儿的关系。

（二）活动名称的设计策略

1. 活动名称的设计主题 应明确具体，简洁有趣。确定活动名称时尽可能符合婴幼儿特点。

2. 活动名称 包括活动类型、年龄等具体内容，如“学做客人”。

（三）活动目标的设计策略

1. 活动目标的三个维度

（1）知识技能维度：是婴幼儿最需要理解掌握的社会性知识，主要包括有关人物、事物的名称、现象、符号、规则等信息。例如，自己的姓名、性别、年龄，与父母的关系，懂得基本的礼貌用语等。

（2）能力培养维度：也叫能力目标，是婴幼儿运用所掌握的社会性知识进行社会实践，掌握一定的行为规范。例如，婴幼儿主动做一些力所能及的事，学会自己穿衣服、袜子等。

（3）情感态度维度：是婴幼儿在活动中产生的自我感受、内心体验，以及在此基础上个性和人格的发育。例如，婴幼儿在活动中保持积极的情绪状态，关心、热爱父母、老师，激发婴幼儿的自信心、意志力、同情心等。

2. 活动目标的表述 活动目标的表述要明确，重点要突出，具有可操作性，使老师明确婴幼儿在完成活动后会发生什么变化，如何对这种变化进行观察和评价。

3. 活动目标的表述角度要一致

（1）老师教的角度：常用“鼓励……、引导……、帮助……、使……”等词来表达。

（2）婴幼儿学习的角度：常用“感受……、喜欢……、理解……、能……”等词来表达。

4. 活动目标表述的要求

（1）具有可操作性，避免过于笼统、概括和抽象。

（2）要清晰、准确、可检测，不能用活动的过程和方法来取代。

（3）从统一的角度表述目标。

（4）一个目标要通过多种活动来实现，一个活动要指向多个目标。

（5）活动目标的表述要尽可能全面。

（四）活动准备的设计策略

准备工作是实施活动的前提，它直接影响婴幼儿参与活动的积极性、活动的进程和实际效果。

1. 老师的准备

（1）物质准备：各种教具、玩具等。

（2）环境创设的准备：婴幼儿座位的摆放、环境布置、情境表演、角色扮演等。

2. 婴幼儿的准备

（1）知识准备：婴幼儿提前学习与活动有关的知识。

（2）物质准备：婴幼儿从家中带一些手工制作的材料，如彩纸。

（3）心理准备：提前告知婴幼儿活动内容和目的。

（五）活动过程的设计策略

1. 分析活动的内容 把握活动内容中的重点、难点，挖掘活动内容中有利于促进婴幼儿发育的因素，保证目标的顺利实现。

2. 设计活动过程

（1）开始部分：常用的导入方式有情境导入、直观导入、谈话导入、游戏导入、歌曲（律动）导入、故事（儿歌）导入、猜谜导入等。

（2）基本部分：活动的基本部分是完成活动目标的主要过程，需要采取不同的教学方法和形式围绕目标循序渐进、层层递进、由浅入深地展开。

（3）结束部分：活动结束的设计要充分体现开放性，在形式上不必拘泥于常规。

（六）活动延伸的设计策略

在活动后，老师继续设计一些与活动相关的辅助活动，使教育内容渗透到日常生活中，使婴幼儿受的教育能够持续，教育的目的能更好实现。

活动延伸的方式多种多样，有游戏的方式、区角活动的方式、表演的方式、家园社区共育的方式、成果展览的方式等。

（七）活动指导策略

活动指导策略是以本次活动为对象，根据一定标准，采用科学的评价技术、方式和方法，对本次活动的目标、内容、过程，以及老师、婴幼儿等进行测定并加以评价，最终做出价值判断的指导。它包括对活动本身的指导策略和对婴幼儿发育的指导策略。

拓展活动

根据《洗手儿歌》——自来水，清又清，小朋友，讲卫生，伸出小手洗一洗，看谁洗得最干净，请为3岁的幼儿设计完整的健康活动——“我爱洗手”。

讨论与思考

可把婴幼儿活动设计与指导看成是老师教学组织行为的一种预先筹划，活动

设计与指导应符合婴幼儿年龄特点、兴趣和需要。其目的是促进婴幼儿身心全面发育，以及评价老师的专业技能。

婴幼儿活动设计与指导的原则包括科学性原则，主观能动性原则，发育性原则，综合整体性原则，直观趣味性原则，艺术性、创造性原则。

婴幼儿活动设计方法的类型：语言类方法（讲述法、讲解法、谈话法、讨论法）、直观类方法（观察法、示范法、范例法、演示法、欣赏法）、实践类方法（游戏法、操作练习法、实验法、探究法）。

婴幼儿活动设计与指导策略的步骤包括婴幼儿情况分析与设计策略意图、活动名称的设计策略、活动目标的设计策略、活动准备的设计策略、活动过程的设计策略、活动延伸的设计策略、活动指导策略。

扫码看同步练习

第二章 婴幼儿活动设计与指导的理论基础

学习目标

1. 掌握蒙台梭利教育理念及基本观点。
2. 掌握华德福教育理念及基本观点。
3. 掌握瑞吉欧教育理念及基本观点。
4. 掌握婴幼儿感觉统合训练理论及方法。

情景导入

很多家长喜欢用“会认多少个字”“会背多少首诗”“会数几个数”这样的标准来衡量孩子早教的效果。这也引起了其他家长的反对，一个反对早教课的妈妈说：“现在的孩子真是累，大小便都不能自理，就要到处上课？还在吃奶的小屁孩，就开始学习？”

试谈你的观点。

第一节 蒙台梭利教育

一、蒙台梭利教育简介

蒙台梭利（1870—1952），意大利幼儿教育家，意大利第一位女医生，意大利第一位女医学博士，蒙台梭利教育法的创始人。其父亲是贵族后裔，是一位性格平和保守的军人，母亲是虔诚的天主教徒，博学多识、虔诚、善良、严谨、开明。作为独生女的蒙台梭利深得父母的宠爱，受到良好的家庭教育，从小便养成自律、自爱的独立个性，以及热忱助人的博爱胸怀。

她的教育方法是其在儿童工作过程中，由观察到的儿童自发性学习行为总结而成。她倡导学校应为儿童设计量身定做的专属环境，并提出了“吸收性心智”“敏感期”等概

念，代表作有《蒙台梭利方法》《童年的秘密》《新世界的教育》等，其教育思想对世界幼儿教育影响巨大。

二、蒙台梭利教育主要观点

（一）心理胚胎期

在蒙台梭利看来，人和其他生物的一个重要区别是，人有两个胚胎期——生理胚胎期和心理胚胎期。在生理胚胎期，人和其他动物一样，由一个细胞分裂为许多细胞，然后形成各种器官，并生长发育至瓜熟蒂落。而心理胚胎期则是人类特有的，新生儿期就是这个心理胚胎期的开始。心理胚胎期是儿童通过无意识地吸收外界刺激而形成各种心理活动能力的时期，如人的思维能力并不是一开始就有的，而是经过吸收各种各样的外界刺激，在大脑中逐渐形成的。

蒙台梭利指出，正如生理胚胎的发育需要母亲的子宫这一特殊环境一样，心理胚胎期的儿童的发育也需要一种相适应的特殊环境。这种特殊环境要尽可能排除有害生命力呈现的任何不利因素，要尽可能设置能满足儿童各种内在需要的环境，如适应儿童力量和形体的桌椅、促进儿童感官发育和运动协调的教具，以及不断观察并及时给予指导的老师等。

（二）儿童具有吸收性心智

儿童是拥有吸收性心智的生命个体，从出生到大约6岁，年幼的孩子经历了一段激烈的心理活动，儿童具有一种潜意识的感受能力与鉴别能力，能积极地从外部世界获取各种印象和文化模式，并加以选择地进行吸收。这些印象不仅进入他的心里，还转为他心理的一部分，在身上得到具体化。儿童就这样创造了自己的“心理肌肉”，并把它用于探索周围世界所发生的事物，蒙台梭利博士把这种心理成型的能力称为“吸收性心智”。

她使用“吸收性”这个词，意思是孩子的心智就好像“海绵”，能将周围的水分吸收进来，并留存在“海绵”里。所以，这两个词合起来，完整地表达出了蒙台梭利博士眼中的儿童给我们的感觉：儿童的心智就像是“海绵”一样，将周围的信息全部毫无保留地吸收进来。

（三）敏感期理论

蒙台梭利认为敏感期是指儿童在每一个特定的时期都有的一种特殊的感受能力，这种感受能力促使他对环境中的某些事物很敏感，对有关事物的注意力很集中、很有耐心，而对其他事物则置若罔闻。

蒙台梭利研究发现：当幼儿处于某个敏感期时，会产生一种敏感力。当敏感力产生时，幼儿内心会有一股无法抑制的动力，驱使他对自己所感兴趣的特定的事物产生尝试或学习的狂热，直到满足需求或敏感力减弱，这股力量才会消逝。蒙台梭利称这段时期为“敏感期”。

三、蒙台梭利教育的目标

（一）建立一个理想的和平社会

蒙台梭利是一个和平爱好者，她期待建立一个美好的和平社会。她认为要形成一个持久的和平社会，必定要由人来实现。她说人类最迫切的需要是国际间的和平与统一，她认为战争的原因不在于人们表面的矛盾，而在于人类下意识的深处，她希望用教育来挽救世界危机，来调和阶级的矛盾。她将战争的破坏、人的罪恶活动及心理上的种种不正常的表现，都归之于人对人与周围环境之间的关系不理解，她认为人的本性是善良的，而人的各种缺陷，都是因为早年受的教育错误产生的。蒙台梭利说：孩子是新人教育的起点和希望，要挽救人类，必须从儿童开始。要建立一个理想的和平社会，应该从教育入手，从儿童做起。

（二）帮助儿童形成健全的人格

蒙台梭利认为健全的人格有11个特征：

（1）具有旺盛的自发活动力。自发就是自动，是儿童成长的原动力。健康的孩子应具有旺盛的自发活动力。

（2）喜爱反复地集中工作。儿童工作的目的，也是工作的过程。当他不满足、没玩够时，就会反复地工作，而且非常专注。孩子是通过反复工作的过程成长的。

（3）自由选择工作材料。这是儿童根据自己的意愿爱好来选择的，工作材料就是孩子的玩具，蒙台梭利要求自由选择工作材料，与传统教育不同，传统教育是老师分配的。根据儿童个人意愿和爱好，就能达到个人的目的，否则就容易走过场；如果让他自由选择，他会非常认真。

（4）喜爱工作胜过游戏。工作的内容应类同成人的工作，只是程度不一样而已。成人的工作是需要工具的，所以蒙台梭利制造了一套类似成人工作的工具，不过，它们的尺寸不一样。蒙台梭利认为，应从小就让幼儿接触危险品，如在生活区中有剪刀、有刀子。用蒙台梭利的教育方法，有顺序就不危险，如剪东西，就有一个剪刀传递的方法，用刀也有它的秩序，孩子掌握了这套方法之后，就没有什么危险。

（5）爱好秩序，保护秩序。孩子是非常依恋环境的，而且孩子有秩序敏感期，他喜欢有秩序，只是由于我们没有给他提供好的环境，所以在这方面容易使孩子产生混乱，这是成人造成的。从孩子来讲，他爱好秩序，可以保护秩序。蒙台梭利教学法培养孩子有秩

序，东西放在那里，建立秩序感后，有利于孩子对空间的理解。

（6）喜欢安静。蒙台梭利认为，孩子喜欢在安静的工作中生活，在安静的环境中工作，孩子专心，有注意力，小时培养孩子喜欢安静的性格和习惯，会给他今后的发育打下良好的基础。

（7）拒绝奖赏。蒙台梭利认为，工作本身的成就和内在的感受、成功的快乐是最好的奖赏。最好的奖赏是孩子从工作中得到的快乐，而不是糖果。可是，有的家长和老师经常通过奖赏的手段来促进孩子工作和学习。蒙台梭利提出，要废除奖赏。家长有时认为孩子听话就给他相应的奖励，在学校考出理想的成绩也给予相应的奖励，这就造成孩子为了别人、为了奖赏才去做某些事情。蒙台梭利经过实验认为，孩子正常健全人格的发育应该是拒绝奖赏的。

（8）强烈的求知欲。孩子就像外星来访者，有很强的求知欲。我们经常说孩子就像一张白纸，你给予什么，就得到什么结果。特别是在3岁前，潜意识吸收的时候，孩子有很强的求知欲，什么都想知道，什么都想看一看、问一问，特别是对社会文化等。

（9）在比较、选择、思考后行动。

（10）纯朴高尚。崇尚真实、善良、美好，求实不说假话，反对攻击、丑恶、脏乱。

（11）学习社会性。主要是重视责任，正常的孩子重视责任，严守纪律，对亲人热情，乐于助人，以及有成为优秀儿童的强烈欲望。

四、蒙台梭利希望培养的孩子更聪明、有成就、常快乐

儿童健全人格的培养，首先就要了解和尊重儿童的个性，遵循儿童的心理和生理发育规律，以发展儿童动作及感官训练为主，使儿童经过自己的直接经验和自我教育逐步发育自由与坚强的个性。蒙台梭利认为，帮助儿童形成健全的人格就是教育的最终目的。蒙台梭利教育的主要内容：①更聪明：能自动地适应环境，求发育、爱学习、会学习，能立足社会，开拓前进。蒙台梭利提倡从小就训练孩子的五官。例如，使用音感钟训练孩子的听力，使他耳聪目明。②有成就：使孩子有见解，有独立的个性，勇于担当责任。先求生存，再求发育，立足于社会，开拓前进，这也是家长和老师所期盼的。③常快乐：让孩子遇事不悲观，不怕困难，爱学习，肯钻研，喜爱工作，乐于助人，胸怀坦荡，无忧无虑，有安贫乐道的品质和美化生活的才能。蒙台梭利说，她希望把孩子教育成为世界上最有用、最有效率和最幸福的人。这也是她的一句名言，这就要求孩子常快乐，因为快乐是幸福的感受。

蒙台梭利的教学内容可分为五大领域，即日常生活教育、感官教育、数学教育、语言教育和科学文化教育。

（一）日常生活教育

日常生活教育以实际生活活动为内容。儿童在日常生活练习中做一些家务活和其他一些适合儿童身体的事情，参与周围的文化生活，从而巩固儿童从家庭到教室的过渡。例如，与伙伴交往、待人接物等日常礼仪教育（像如何打喷嚏、递接物品、道歉，怎样倾听他人谈话，怎样使用礼貌用语，如何观看他人的工作，如何参与他人的工作，如何打断他人的工作，敲门的方法，轻轻开关门等）。“儿童的智慧在他的手指尖上。”儿童通过基本动作训练，如抓、舀、捏、剪、夹、倒、转等小肌肉练习，在照顾自己、照顾环境、照顾他人中掌握生活技能，智力也可从中得到发育。

蒙台梭利日常生活教育主要包括以下3个方面：

1. 照顾人 即让儿童学会照顾自己。例如，让他们学习怎样洗手和漱口等。

2. 照顾环境 即让儿童学会照顾身边的生活环境，进行日常家务练习及照顾动植物等。

3. 社会关系练习 即让儿童学习如何待人接物，如何做到礼貌和优雅等集体生活能力。

蒙台梭利说，日常生活的练习是最有效的体操，日常生活的环境足以使各种“运动”更加熟练。若能以智慧活动、运动肌肉活动做好日常生活中的每一个动作，即使只是进行日常生活的活动，也能达到体操的效果。如卷地毯、刷鞋子、洗盆刷碗、铺床叠被、准备饮食、开关抽屉及门窗、清扫卫生、排列椅子、收窗帘、摆放家具……通过力所能及的工作而活动手臂、强筋健骨。这些日常练习不只是单纯的运动，还是每个人在成年之后必须从事的工作或劳动。孩子发现成人能做的事自己也能做，从中发现自己的能力和潜力，对自己充满信心，能逐步形成独立性、专注力、秩序感，增强独立生活能力，成为生活的小主人！

（二）感官教育

蒙台梭利的感官教育包括视觉、触觉、听觉、嗅觉和味觉等感官的训练。

1. 视觉训练 帮助幼儿提高度量的视知觉，鉴别大小、高低、粗细、长短、形状、颜色及不同的几何形体。例如，插座圆柱体可培养视觉对粗细、高低、大小的辨别能力；色板可用来认识颜色及辨别颜色的明暗差异；几何图形嵌板、几何学立体组等可帮助幼儿认识各种几何形体。

2. 触觉训练 帮助幼儿辨别物体是光滑还是粗糙，辨别温度的冷热，辨别物体的轻重、大小、厚薄。例如，触觉板、温觉板、重量板。

3. 听觉训练 是要使幼儿习惯于区分声音的差别，使他们在听声的训练中不仅能够分辨音色、音高，还能培养初步的审美和鉴赏能力。

4. 嗅觉和味觉训练 注重提高幼儿嗅觉和味觉的灵敏度。例如，嗅觉瓶和味觉瓶。

蒙台梭利希望通过一系列的感官训练，使幼儿成为更加敏锐的观察者，促进和发展他们的一般感受能力，并且使他们的各种感受处于更令人满意的准备状态，以完成诸如阅读、书写等复杂的动作，也为将来进行数学的学习打下基础。

（三）数学教育

蒙台梭利数学教育的方法是提供幼儿如何学数、练习思考、归纳结果的极佳途径。蒙台梭利为了构建幼儿在数学教育中的秩序与精确性，将数学思考模式的内容分为：

（1）数学前准备。

（2）1~10的认识。

（3）十进制的计算与记忆。

（4）连续数。

（5）四则运算。

（6）分数。

蒙台梭利主张数学教育应从感官教育训练着手，养成观察、分析的能力及专心和秩序的习性后，再借着数学教具和教学活动并运用GPS（序列、配对、分类）的教学方法，自然循序地将抽象的符号，透过教具重复操作，让幼儿获得数和量的概念，再进入四则运算中，培养其逻辑思维的意识。蒙台梭利数学教育从连续量的认识开始（借助数棒进行，它可以让孩子直观地比较数量的大小，感知每一个量都代表一个集合），然后才进行分离量的认识。

蒙台梭利数学教育的内容有所扩展，涉及0的概念、进位系统练习。借助砂数字板、纺锤棒与箱、0的游戏等充分了解1~10或0~10的数量、数字与数词三者之间的关系；借助塞根板、100板、100和1000串珠链等认识连续的数；借助乘除板进行100以内的乘除计算；借助加龙减龙游戏进行连加、连减及加减混合计算；借助金色串珠系统和邮票系统，进行10 000以内加减乘除及进位、退位练习，引入了分数、平方、立方的概念等。

（四）语言教育

蒙台梭利认为，语言的学习应顺应自然发育的原则，孩子在语言交往的过程中就能自然地习得母语。蒙台梭利语言教育主要是通过创设某些适宜的语言环境，逐步培养幼儿听、说、写、读的能力和习惯，而不是简单的识字课程。通过安静游戏、猜猜我是谁、指令接龙、声音与图片的配对等活动练习听觉；通过练习发音、朗读古诗、看图说话、续编故事等练习口语；通过描摹砂字母板、打洞粘贴字母、描摹姓名、记录菜单等练习书写；通过阅读与绘画、名称三步卡的配对、组字练习、圈字活动等练习阅读。

（五）科学文化教育

蒙台梭利科学文化教育遵循从笼统到具体的原则，在教育内容上从宇宙万物开始。进入蒙台梭利科学文化教育，首先要做的是让孩子了解我们周围的一切，包括我们自己都处于宇宙之中，茫茫宇宙，浩瀚无垠。科学文化教育的内容具体可分为：动物、植物、地理、历史、天文、地质、自然现象及科学实验等。每一个类别在教学中都要从大的概念开始逐步细化。

对植物的认识，就要从认识整株植物开始，了解一株完整的植物各个部分的名称——根、茎（干、枝）、叶、花、果实等，然后进入植物细部的介绍。通过蒙台梭利博士精心设计的半抽象的嵌板及图像卡片，了解相应事物各部分的名称及结构等。如认识花，首先要在班级或园内养花，并让孩子参与管理，让孩子在自然状态下获得相关的经验，然后再引导孩子有意识地观察花，描述花的特征，之后再运用花的嵌板，学习花各个部分的名称——花萼、花冠、花蕊（雄蕊、雌蕊），接下来还有蒙台梭利博士专门设计的三步卡可以引导孩子自己巩固复习。

动物教育包括：脊椎动物和无脊椎动物及其相关内容。在脊椎动物里孩子要接触鱼类、鸟类、哺乳类、爬行类和两栖类。

地理包括：①自然地理——天空、陆地、海洋，自然形成的地形地貌等。②人文地理——七大洲、四大洋，以及每个洲中各个国家的名称、首都、国旗、著名建筑、风土人情、民俗习惯等。

天文包括：太阳系的介绍、八大行星的认识、月相、星座，以及日食、月食、流星雨等天文现象和人类的宇宙探索等。

五、蒙台梭利教育的启示

蒙台梭利教育冲击了传统的幼儿教育思想观念，改变了传统的教育模式，将儿童的教育事业推向了一个崭新的阶段。在世界学前教育改革的大潮中，蒙台梭利教育也引起了心理学家、教育工作者及一般公众的注意与重视。唐纳尔曾经说：“蒙台梭利对20世纪教育的主要贡献不在于她的教育理念便于实行，而在于她的思想更普遍地影响了教育界对儿童和对教育过程的态度。”蒙台梭利教育给了我们很大的启示：

（一）尊重儿童，热爱儿童，追求儿童整体人格的全面、和谐发育

正如蒙台梭利所说：“像所有别的人一样，儿童有他自己的人格。他自己能够创造美和尊严，这种美和尊严是永远不能磨灭的。”成人要还儿童的尊严，树立现代科学的儿童观与教育观。真正把儿童当作活生生的、独一无二的、有独立个性与思想的人来对待。

在教育过程中真正确立儿童的主体地位。现代科学的儿童观与教育观告诉我们："儿童是人，他具有生存权，具有人的尊严及其他一切基本人权；儿童是一个全方位不断发育的人，他具有满足生存和发育需要的权利。"儿童的发育具有整体性，儿童都具有身心发育的潜能。教育的任务就是促进这些潜能的充分挖掘，并使儿童获得全面和谐的发育。

在还儿童尊严的同时，要及时研究和了解儿童。面向每一个儿童，使其得到全面、和谐发育是教育的一个基本原则。我们必须研究和了解儿童的兴趣和需要，儿童的身体认知发育和情感形成，儿童的社会化过程与个性养成及学习发生的条件等。活动中，应让幼儿自立地活动起来，要给儿童根据自己的意愿、兴趣、需要选择学习内容和学习方式的自由，给儿童自由活动、自主活动的机会，并在此过程中促进儿童的独立自主，富有个性的发育。

（二）重视环境在教育中的重要意义与作用

在蒙台梭利教育体系中，幼儿的身心发育是在活动中实现的，所以她要求老师一定要为幼儿提供"有准备"的环境：老师在观察、研究幼儿的基础上精心为幼儿设计的，服务于幼儿发育的作为幼儿活动对象的环境，并由此出发创造和实践区域教育活动方式。在整个区域设置多层次的活动材料，让幼儿充分自由地选择适合自己的活动，并在活动中完成发育的使命。

没有适合幼儿活动的环境则谈不上幼儿的活动，而没有幼儿的活动则谈不上幼儿素质的形成、发育和提高。所以我们当前幼儿教育改革就是把教育内容物化为孩子可操作的环境和材料，通过准备适当的环境和材料引发孩子的兴趣，并引导孩子在和环境的相互作用中，在对环境材料的操作活动中"学会"学习。在提供良好的物质环境的同时，还必须营造民主、宽松、和谐、自由的氛围，给儿童充足、自由的时间和空间，注重以优良、合作的态度面对每一个儿童，让其在环境中能够得到轻松、自由的发育。

（三）重视老师在环境创设、指导儿童主动活动中的独特地位与作用

蒙台梭利认为儿童发育是通过吸收环境而自我达到的，但同时也强调老师是儿童发育的观察者、示范者和支持者。离开了老师，儿童的发育是难以实现的，老师要随时出现在孩子的身边，成为孩子的情感、活动的支持者和学习活动的最佳资源。

（1）老师应该引导幼儿积极主动地和环境相互作用。也就是在老师的引导下，让幼儿和环境相互作用，即让幼儿积极主动地研究环境、操作环境、发现环境中的问题并解决环境中的问题，让幼儿确实成为活动中的主体。

（2）老师在幼儿的活动过程中，应给予及时的观察、指导和支持，但是此时此地的指导应把握好一个"度"，既不能让幼儿放任自流，也不能在活动中剥夺其寻求、探索的权利，应给幼儿提供适当的时间和空间去活动。

（四）教育者应建立新型的师生关系，激发积极互动的交往关系，促进儿童积极的发育

蒙台梭利认为，老师的基本问题不是教什么和学什么的问题，而是建立成人和儿童之间的关系问题。老师和儿童的关系是教育和发展关系的具体表现。在当前的教育中，儿童身心能否得到充分的发展，从一定意义上说，关键在于老师的思想、文化、道德素养水平，老师的教育理念，老师的教育技能与艺术，还在于老师和儿童之间建立的关系。新的师生关系的建立，要真正做到尊重儿童，深入了解儿童，虚心向教育对象——儿童学习。老师要富有吸引力、亲和力，对每一位儿童要有信心和耐心，使儿童和成人之间建立一种充满仁爱的、民主平等的、相互信任的关系。这也是教育成功的基础。

另外，在教育活动中，除了师生之间的交流和反馈之外，儿童同伴之间的交往，也对儿童的发育具有重要的意义。同伴交往可以使儿童学习如何与同伴建立良好的关系，保持友谊和解决冲突，正确对待敌意和专横、竞争和合作等。同伴交往还是儿童特殊的信息渠道和参照框架，是使儿童得到情感支持的一个来源。

总之，蒙台梭利是富有教学艺术的教育家，有其独到的成功之处。她的长处可粗略地归纳为：对儿童的“爱”“信任”和“尊重”，细致耐心的观察和机智及时的指导。今天，蒙台梭利的教育方法仍被世界学前教育机构运用，并在新的时代条件下焕发出新的活力，这一切都归属于她为幼儿教育事业奉献一生的执着追求，多年不辞辛苦地对儿童进行不断地观察、研究及教育实验，划时代地阐述了儿童自身发育的法则，最终形成其独特的幼儿教育理论，对我们的教育实践起到了积极的借鉴意义。

第二节　华德福教育

一、华德福教育简介

华德福教育是鲁道夫·史代纳根据自创的人智学理论创建的。华德福教育，简单地说是一种以人为本，注重身体和心灵整体健康和谐发展的全人教育，体系主张按照人的意识发展规律，针对意识的成长阶段来设置教学内容。

鲁道夫·史代纳是奥地利哲学家。1919年，鲁道夫·史代纳应德国企业家依米尔·莫尔特（Emil Molt）邀请，在德国的斯图伽达根据人智学的研究成果，为依米尔·莫尔特的香烟厂工人子弟办一所学校，命名为Freie Waldorf Schule。这所学校是世界上第一所华德福学校，办得很成功，被认为是代表未来教育的典范。凡是实践这一教育理念的学校都被称为华德福学校（Waldorf School），也被称为鲁道夫·史代纳学校。

华德福教育在世界很多地方都得到了发展。一些热心教育的有识之士希望通过华德福教育净化功利社会，在教育过程中，帮助成人和孩子在物质社会的大潮中把握自己的精神生活，寻找自己生命的使命和对自己负责。

二、华德福教育的基本理念

（一）华德福教育阶段

史代纳对人类的智慧和人的意识发育进行了深入研究，从而得出关于人的身、心、灵和精神发育的独特认识，他对人的深入研究奠定了华德福教育的理论基础。史代纳发现了人的意识是阶段性的发育，7年为一个周期。

华德福教育认为，当一个人来到尘世，特希望找到一个天堂，一个美的地方，有三种东西是来到人世间的孩子所盼望的：善、美、真。在生命的最初7年里，善的原则对孩子最为重要，他们观看我们，观看周围的世界，他们内心会感到这个世界是善的。7~14岁的孩子接近这个世界，并寻求美，他们享受各种美的事物，他们也发自内心地想要创造美——绘画、唱歌、朗诵诗。14岁~21岁期间，他们寻求真，他们在世界范围内寻找真实和真理。21岁左右的年轻人达到了自身的成熟，现在他们面临要为别人创造善、美、真的挑战。

第一个阶段是出生到7岁，儿童7岁之前通过自己的感官认识世界。儿童出生后的第一个7年必须自由成长，吸收自己接收的印象，进而模仿，形成自我表现。例如，儿童这个阶段说话、走路都是通过模仿学会的。因此，华德福幼儿园的课程设置强调自然、社会和自身的协调关系，并根据儿童不同阶段的意识发育，针对意志、感觉和思考，通过烹饪、人物扮演、绘画、唱歌、做游戏等方式，对儿童的身体、心灵、精神进行整体平衡教育，让孩子们学习有价值的社会技能和生活技能。

这一阶段，艺术、音乐、园艺处于华德福学校教育体系的核心地位，并且没有学术内容。在低龄时期，所有学科的教学都以艺术的形式导入，授课方式灵活有趣，儿童不需要死记硬背就能做出积极的响应。正如上述所说，华德福教育会将教室布置得像一个家，采用天然材料制作工具、玩具，这些材料适合想象力游戏，通常不鼓励学生使用电视和电脑等有碍孩子想象力的电子产品。

第二个阶段是7~14岁。此时，儿童的意识已经从环境中独立出来，他们开始具有参与生活活动的强烈意志，并通过想象和感受来学习。针对这个时期的孩子特性，华德福教育会安排不同的老师教授一年级到八年级的手工、外语、音乐等课程，培养儿童对美的感受，帮助孩子形成对生活的责任感。

第三个阶段是14~21岁。此时，儿童的心智逐渐走向成熟，自我意识明显地支配着人的整体行动，具备健康的、有价值的理想主义与脆弱的内心感受。同时，儿童的独立思想、辨别力和判断力不断增强。针对儿童这一时期的天性，华德福开设了大量自然科学课，如数学、物理、化学、生物等，助力学生学习科学知识与真理，探索人生问题。

（二）华德福幼儿教育理念

在史代纳的7年发育论里，幼儿期是人生发育的第一阶段，从发育来看：幼儿是在操作中学习，由行动逐渐唤醒思考及想象的能力。根据不同的生理发育顺序，主张教育首先要由四肢做起（重视运动及活动），接着是与胸腔有关（重视感情），最后才是头部（重视智能与认知）。华德福老师的两大教育座右铭是“规律与重复”及“模仿与典范”。

1. 华德福教育的自然精神：规律与重复 史代纳说：“规律是健康之柱。”人类、大自然都在规律中演进，配合大自然的规律是促使幼儿生理与心理健康成长的要件，孩子经由“规律与重复”会获得完全的保护、爱、安全及和谐。因此，幼儿教育工作的重点之一就是帮助孩子建立生命韵律感。从人类的历史文化、四季的变化、白天与夜晚的重复交替，我们可以发现其中充满着节奏，不断重复而产生秩序，人类生活在其中，深受其影响。

生命的韵律节奏就好像我们每天固定重复做的事，如果韵律、节奏被破坏，我们的健康、身体状况，就会受到干扰。而处于婴幼儿期的孩子，其内在节奏较不稳定，因此，从幼儿阶段起需要给孩子规律的生活作息，帮助孩子渐渐健康平稳地进入生命的韵律节奏，同时也要从生活中让孩子感觉到大自然的韵律节奏，感觉自己也是世界的一部分，使生命节奏符合这世界的韵律。

很多教育概念都指出“重复”对孩子的重要性，重复与规律可以让孩子的内在产生一种秩序，建立安全、信任感，成人的任务是提供时间让孩子可以重复模仿和练习。

2. 模仿与典范 幼儿具有很强的想象能力及模仿能力，这阶段的孩子具有梦幻特质；具有很强的能力去编织“想象”的世界，一根树枝可能就是他们的一把剑、一支枪或一艘船。因此必须给孩子一个开放的想象空间，这种想象力可以帮助他们建立未来理解事情、体会事情的方式，进入世界的能力，因此在幼儿阶段不要急着将孩子从梦幻世界唤醒，逼着他们去了解科学、物理、化学等原理。

好的想象力可以帮助孩子建立未来面对现实的基础及有灵感的思考方式。幼儿是透过“模仿”来学习的，同时经由感官来认识世界，他们的感官对所有围绕着自己的声音、颜色和形状开放，因此，给孩子一个良好的环境和典范，提供经验和模仿是华德福幼儿园强调的部分。成人的任务是创造一个重复的、愉快的、亲切如家的工作气氛，让孩子很快融入其中。成人只要能多层面并且韵律般地重复自己的工作，孩子就能按其发育时间与步伐去找到他所要的东西，实现他的模仿。

三、华德福教育的目标

华德福教育以人为本，以自然环境和人类社会和谐发育为目标。用健康、平衡的方式，追求孩子在意志（身）、情感（心）及思考（意识）三个层面能力的全方位成长。把单一的智性知识的学习，转化为富有创造性的艺术、手工、肢体律动及音乐与平衡厚实的语文、数学、自然和社会课程相互间密切结合，来滋养孩子的头脑、心灵与四肢的均衡发育。

在孩子善、美、真的阶段性发育过程中，华德福教育旨在让孩子充分了解自己的潜能、孕育自由的精神，帮助他们逐渐成为一个具有创造性思维、社会道德责任感和实践力的人，从而帮助他们在将来以正向的生命态度，进入世界，贡献自己的才能。

华德福教育的总体目标是努力使用各种教育手段和方法，促进儿童身体、心灵整体的健康发育，为幼儿未来的发育奠定基础，也为他们以后的学校生活做好准备。华德福教育关心0~12岁孩子的成长，最终目的就是要使一个青少年能成为一个自主自立的人，这是一个迈向自由的教育历程，而“自由”的意义就是一个人能够认识他自己的内心世界，而且是有自主性活动、社会性的人。

“培养完美的生命目标，以及开展一个成为自由人的各种能力，使人类共享美好生活”是华德福教育的崇高理想。

四、华德福教育的内容及实施

（一）教育环境

华德福学校提供了能让孩子健康成长的环境，在这样的环境中，孩子能感受到快乐和支持。环境的设计特别重视感官的教育，史代纳的建筑哲学被称为“有机建筑”。这样的环境包括了硬设备、心理的氛围及生活在其中的人。

1. 教育农园　每一所华德福学校或幼儿园都有一个有机农园，不同的学校，条件不一样，农园的大小也各不同。坐落于城市的华德福学校，小的农园只种些花、菜、香草、少量的浆果灌木，养些鸡、兔之类的小动物；位于城郊或乡下的华德福学校占地面积都较大，还可种些谷物、养蜂，或养些羊、牛、马、驴等较大的动物，有的学校甚至还拥有一片森林或一个附属农场。

知识链接

欧洲国家的学校农园基本上都有一个或多个温室或温棚，用于早春育苗及种植番茄、辣椒、黄瓜、茄子等喜温热的作物，耕种的过程中都不施用化肥和农药。园艺老师会向学生介绍垃圾分类，把果皮、树叶、杂草、动物粪便收集起来做堆肥，让从土地里产出的东西尽可能地回到土地，循环起来，补养地力。虽时有小虫子来光顾，但并不成问题。学校农园的种植规模小且极其多样化。

在学校农园里，学生在园艺老师的带领下亲耕亲作，体验人类在地球上最基本的生产活动，农园是学生学习植物、动物、季节、气候、环境与生态的绝佳场所。

园艺课许多时间都在户外进行，天冷或下雨不能在户外干活时就会在教室里做一些室内的工作，如磨香草盐、将香草装袋，并设计制作产品的标签及说明。在冬天的园艺课上，老师还会教学生用树枝、树叶、干花、松果等做圣诞节的装饰品。养了蜜蜂的学校农园也会在冬天用蜂蜡做蜡烛。许多农园都有可用木柴生火的烤炉，一边干活，一边烤上饼干或蛋糕，甚是温馨。

许多学校还会另设一个专门的农具房，各种农具，如锄头、铲子、耙子、镰刀、枝剪、斗车一应俱全，手套、帽子、雨鞋、急救箱也都备上。

2. 教室　华德福学校的教室建筑材料、地板、墙壁、家具有良好的视觉与触觉感受，用柔和的气氛、声音、颜色、材质来对待幼儿敏感的感受力，多用大自然素材。进到教室，会感受到一个像“家”的环境，温暖、和谐的色彩及气氛——原木的家具、地板，淡粉色的墙面，同色系的布帘。自然材质做成的玩具，可供进行“创造力和想象力”的游戏，如用取材于森林中的木块磨成的积木、由老师和家长自制的娃娃和玩偶，以及针线、贝壳、石头、松果、水彩、蜡笔等。

教室的一角布置有“季节桌”，显示对季节之重视，配合大自然的规律变化，布置着当季季节的颜色、花果或孩子从散步中拾回的小东西，也布置相关节庆的重要代表物，让孩子从中体会“大自然”与“节日”。

除此之外，教室里还有厨具和餐具。教室的桌子既是书桌，也是餐桌，亦是加工产品的工作台。园艺老师带领学生在此将农园的收获料理后摆上餐桌。南瓜汤、烤土豆、苹果派、沙拉，尽享新鲜采摘的有机蔬果和劳动后丰收的快乐，其乐融融。草莓、树莓、黑加仑、醋栗之类的浆果收获后除了吃新鲜的，还在农园教室里将它们加工成果酱。许多教室都配备有烘干机，制作干燥香草、干花和果脯。

（二）教育内容

根据华德福教育的目标和基本理论，华德福婴幼儿教育阶段的课程内容主要包括自由游戏与远足、艺术活动、故事和晨圈、生活活动、节日庆典与生日会。

1. 自由游戏与远足

（1）自由游戏：华德福全天制幼儿园，每天至少会有两次户外、一次室内的自由创作游戏时间，孩子可以自由地选择想要的玩具、想建造的空间，进行独立或是团体的游戏。在这个过程中，老师并不介入，只让孩子发挥自己的想象力与创造力，完全将主导权交还给孩子。7岁前的孩子并非靠头脑来理解，而是透过生活来形成自我，这其中非常重要的是“模仿”。孩子将自己接受的印象全部吸收后，由其中挑出让自己感动的部分，再加以模仿，形成自我的表现，这样的自我表现，在自由创意游戏中，能很轻易地发现。

室内以多处游戏角为主，如小厨房、娃娃角、小客厅、积木角等，加上不间断的手工制作穿插在活动中。户外游戏主要以沙坑、过独木桥、滑滑梯、荡秋千、照顾小动物、散步和园艺等为主。

（2）远足：让幼儿充分与大自然接触，感受大自然的季节变换是华德福幼儿教育的重要内容。在华德福幼儿园的户外活动中，每周至少有一次远足活动，即老师带着幼儿到大自然中。在活动中，幼儿在自然环境中自由玩耍与游戏，并观察自然中的一切。孩子在自然界中的发现令人吃惊，树枝、石头、小水池都会激发他们对世界的想象。这些在自然界中的经历和获得的经验，会促进孩子对现实关系的思考，成为在生活中对世界负责的人的基础。

2. 艺术活动

（1）布偶戏：布偶戏是华德福幼儿教育特色之一，配合当时的季节节庆或所讲的故事，老师以桌子或身体为舞台，铺上棉布或丝巾等天然的布料，再利用石头、贝壳、木头搭制成不同的场景，等孩子进入教室并安静后，老师会用五音琴作为开场，再将丝布掀开，进入布偶戏。对孩子而言，布偶戏呈现的是更为真实且立体的空间，与观看电视所呈现的平面、冷硬的感觉是不同的，布偶戏带给孩子的是温暖且有生命的感觉。

（2）湿水彩及蜡笔画：湿水彩画是帮助幼儿与色彩相遇的最佳方式，可以让幼儿体验到颜色与颜色交融的惊奇变化。在幼儿享受、感受色彩及尝试玩色彩当中，色彩丰富了幼儿的生命。湿水彩千变万化的美让幼儿喜欢画画，并自然地借由画画抒发自我的情感，同时色彩引发了幼儿不同的感觉，在进行湿水彩的创作中，幼儿会体会到自我与色彩间情感的对话。在幼儿期，孩子的世界是整体且不分内外的，孩子不只能感受色彩，更能察觉到色彩内在的特质，华德福教育特别强调让孩子画有纯色彩经验的水彩画，老师并不询问幼儿画了什么、画的是什么意思，只让孩子透过画纸与水的渲染，及色彩所产生的重叠或流动，产生调和心灵的作用。蜡笔画则可以根据实际情况经常在自由活动中进行。画画的重要功能之一是表现幼儿自己内在的感觉。

（3）蜂蜡造形：蜂蜡雕塑一直很受孩子们喜爱，可以每周进行一次。老师将捏制成小圆球的蜂蜡，以谨慎的态度交给孩子，孩子将它置于手心中做手指游戏，让原本稍硬的蜂蜡，透过手掌的热度变得柔软。在捏的过程中，每个人都是安静地不说话，老师不指导孩子如何造型捏塑，只与孩子们一起做，并将孩子的作品收藏好。蜂蜡不同于其他的陶土或泥土，它能够反复使用，不沾手并且有天然的香气。孩子在专注捏塑创作的同时，可享受到纯粹捏、揉、搓、拉等动作的快乐。

（4）手工：华德福幼儿园中，老师最常做的事就是手工，修补棉布、缝制布偶、编织娃娃等，而孩子也同样喜爱这样的课程，自己制作袋子、娃娃，每个自己缝制出来的作品，都是独一无二的，在制作的同时，他们懂得如何去爱；在完成的同时，他们懂得如何去珍惜。有许多华德福幼儿园是将手工活动开放在创意游戏时间里，进行时间依幼儿年龄而定，5岁以上幼儿约进行40分钟；5岁以下，原则上是老师做，幼儿则依自己感觉，在老师的指导下，可以“模仿”老师“做”，也可以不做，但是，安排好的手工时间，老师一定会“做”。手工的内容主要为毛线编织、制作绒布玩具、编篮子、做木工等。

（5）戏剧：是大班才有的课程，孩子通常在5岁左右便能够玩“有目的”的假装游戏。孩子将老师讲过的故事、布偶戏的剧情印入心里后，并计划好去扮演某个角色，安排出一个有过程的剧情故事。老师只需提醒孩子剧中有哪些角色，并协助做分配，再来就由孩子自行布置场景与装扮自己，等他们准备好后，给老师一个暗示，待铃声一响，戏剧就开始了。角色的揣摩完全靠孩子的想象，依靠平日接受的信息或者经验去扮演。

（6）晨诵和歌唱：华德福幼儿园每天都固定要进行一次晨诵，以引导幼儿体验自己的位置，以及自己与世界万物的联系。此外，在各种活动、交替活动、点心和午餐之前都有歌唱。这种歌唱是和幼儿的一日生活联系在一起的，在老师一天天反复的吟唱中，幼儿自由地模仿学习，并没有有意识的歌唱教学。和大多数幼儿园不一样的是，华德福幼儿园吟唱的歌曲主要是五音歌曲，老师使用的乐器也是五音竖笛和五音琴等简单的乐器，这与幼儿梦幻的意识状态是相适宜的。

3. 故事和晨圈

（1）晨圈：不论是大人的培训还是面对孩子，华德福的体系里每天早上都会有晨圈时间，经过睡眠和早餐，晨圈里的律动、音乐、游戏、手指谣等有助于唤醒精神、唤醒身体，让感觉敏锐起来，感谢太阳和大地，问候朋友，和周围的环境与人联结起来。用音乐滋养孩子，根据不同季节设计培养孩子想象力、创造力、语言能力、倾听能力、身体协调的生活游戏。

（2）故事：儿童生活在朦胧的意识状态下，带有美丽想象力的故事就是最好的教育，讲故事在华德福是很重要的一个部分，可以使儿童在倾听中专注。一般来说同一个故事会重复叙述1~2周，多以古老的童话故事或神话寓言故事为主。

4. 生活活动

（1）烹饪：每周1次，孩子会与老师一同动手制作简单的食物，在制作的同时，孩子

除了可以感受食物变化的过程、锻炼手部肌肉、学习使用器具，完成时的成就感，也是孩子将想象转为现实的一个最佳途径。

（2）用餐和点心：对7岁前的孩子而言，最重要的是奠定健康的身体基础；在情感方面，重要的是培养“感谢的心”。史代纳曾说：“人为了使自己更为富足，便从外在环境取用各种东西加入自己的生活中。倘若不能对由外而来的东西心怀感谢、尊敬，便无法真正使外来的东西内化为自己的。”因此，用餐时间就显得特别重要，老师会引导孩子对食物的感谢及喜爱。

（3）园艺劳作和照顾小动物：让幼儿通过直接参与农业劳作和种花，以及照顾动物的方式来加强对自然的认识，教育幼儿用对待朋友的方式来对待树木、动物、河流、花草等。当这种爱与日渐增并最终植根于内心之中，就会形成一种相互同情、相互依赖的情感和责任感。基于这种情感和责任感，幼儿会对工作、对自然、对人类本身赋予自然之爱和积极关怀。只有跟自然连在一起，人才能找到生命存在的意义。大多数华德福幼儿园都有自己的园艺区，有条件的幼儿园提供动物照顾，如果没有条件可请家长配合在家里进行。

5. 节日庆典与生日会

（1）节日庆典：节日呼应着自然宇宙的运转节律，是日常生活的华丽乐章。在华德福教育中，各种传统节日的庆典是一个非常重要的内容。通过自己动手准备，积极参与庆祝节日等活动，培养幼儿对时间和自然变化的感受能力、建立对自然节律的感性认识及对各种传统文化的感性认识；通过动手准备庆典活动，还可以培养幼儿的创造力，促进相互沟通和理解。幼儿从规律和充满喜悦的庆典活动中，产生对生活的热情和渴望，可以培养一个健康的人生观。

（2）生日会：每个孩子在华德福学校里，都有一个美好的生日庆祝会。老师提前铺好彩虹桥，用五彩的丝绸、鲜花和水晶石布置好场地；小朋友们和老师一早就为寿星烘焙蛋糕，家长也会到场为自己的孩子过生日。

（三）作息安排

华德福幼儿园的作息安排相当重视规律节奏。

1. 自由游戏时间　每天早上约7：30开始，孩子陆续入园，入园后大约有1小时的自由活动。这段时间，孩子随着自己的喜好即兴游戏，他们会在角落中聚成小团体，有的年龄小的孩子喜欢独自玩或由比自己大的孩子带入游戏，有的孩子会在老师身旁参与老师的工作，或是在老师身旁坐一会儿再投入游戏。

2. 晨圈　用来结束前面的自由活动，游戏时段接近尾声时，老师自己先动手整理收拾，借此引导孩子模仿一起收拾。接着孩子去洗手间去洗手，先洗完手的孩子可帮忙准备早餐，布置餐桌、餐具，用早餐之前大家先围成圆圈进行团体活动，晨圈中可以进行唱歌游戏、庆祝生日、手指游戏、讲故事或轮舞（一种结合语言、诗歌、舞蹈的韵律游戏，有时会配合季节来设计不同主题）的活动。

3. 餐点 幼儿园的早点是师生共同准备的，每天食谱不同，但每周周几吃什么是固定的。

4. 户外活动 用完点心之后，有一段户外自由游戏时间，有时大家到附近公园散步、玩捉迷藏游戏，有时在教室外的沙坑玩沙或在花圃种植花木等，借以培养孩子与自然的关系。

5. 童话故事时间 上午11：30回到教室后，在放学之前，有的老师会用笛子或竖琴，吸引小朋友的注意——“老师要讲故事了”。老师不是拿一本书来念给孩子听，而是将故事早已背下来，用很自然的方式讲给孩子听。

除了每日作息强调规律，每周也有自己的规律。例如，安排不同主题形式的活动，周一画画、周二园艺、周三捏塑、周四做面包、周五跳舞。至于每一季的变化，也会从教室的布置和季节桌的改变，明显地感觉出来，再加上节庆和生日庆祝会，孩子可以体会到一年的意义。充满规律的作息及课程安排，可以促进孩子身心平衡、健全成长。

五、华德福教育的启示

华德福教育依照孩子的发育及精神需求（情绪），不强调竞争、分数和太早认知读写之灌输，而完全尊重一个个体的发育，视其为一个全人，除了学业之外，也关心情感的部分。华德福教育与一般教育最大的不同应是发育和谐、均衡的人格，同时，鲁道夫·史代纳所构思的教育是能启发个人对世界更广博的了解，并且能唤醒个人的所有潜能，使本人成为独一无二的个体。

1. 重视人与“万物”的关系 华德福教育重视人与“万物”的关系，孩子所学的不是死的知识，老师设法引起孩子对该课题的了解与共鸣。不同年龄有不同的课程主题，就“自然科学”主题来说：9岁以前，自然科学是一种艺术。9岁开始，自然科学课程重点是“园艺与农艺”，研究泥土、谷物农耕、家畜、建筑等。10岁的课程由“家居环境”开始，研究居住地的自然地理和人文地理，会从不同的方面让孩子深入认识一个主题，如“动物与人类”。

2. 自由游戏对孩子身心发育的重要性 自由游戏不同于建构性游戏，华德福活动室里的玩具是非固定形状的“自然物品”，也不是经过人工加工的，它并不是工厂量产的统一规格 “成品”，它具有能满足游戏需要的“开发潜能”的功用。这些来自大自然的物品足以在游戏中激发孩子们的想象和梦幻心性，孩子的“潜能”不能被冻结。例如，一块布，孩子却可以拿来围成他们的家，也可以建构成他们的秘密基地，还可以把自己打扮成超人……这就是华德福幼儿园中，每一个孩子找到“自我表达”和“自我引导”的机会，孩

子在充满“自由选择”的氛围中建构他们的身心。

3. 规律与重复对幼儿健康和发育的重要性　鲁道夫·史代纳认为，生命力的基础是“规律”，就如同我们的“呼”与“吸”，华德福幼儿教育以生命的周期为核心，不主张大人去干扰幼儿发育的秩序，或正在游戏中的孩子。

华德福教育不主张过早地、长时间地专注于“记忆”和“思考”活动，以免孩子变得疲倦。因为孩子们喜欢亲身体验的感觉，这种感觉有助于建立“积极工作的意志”发育，促使孩子随时探索环境，充满主动学习的意愿。因此，低年级的老师必须特别重视如何以一种适合的课程组织活动，来促进成长中儿童的健康发育。

4. 重视7年发育论的基础学习阶段　人类的发育有一定的次序，如“七坐八爬九发牙”，在1岁左右开始学走路。植物也是一样，通常先开花后结果。华德福 “人智学”发育认为，教育工作者不能过早地给孩子灌输知识，不能从“头部”认知开始，应该从“身”和“心”开始训练儿童。华德福教育的“7年发育论”告诉我们，生命中的头7年是建构物质身体的关键时刻。华德福教育非常注重知觉感官的发育，神经系统和感觉统合的协调。人类基因本身在所谓开放的系统中发生效用，而不是在稳固无法改变的状态中来工作，父母或大人的负面情绪和压力都会导致遗传体的退化。

5. 注重培养幼儿教育社群观念　史代纳说：“当每个人的灵魂映照出社群整体的样貌，而社群活出每个灵魂力量时，健康的社群就已经形成。”史代纳还说：“华德福幼儿教育的目的就是培养一个真正自由的人。”由此可看出，华德福幼儿教育重视社群观念，给我们的启示就是，学校要认真组织家长积极参与学校活动，经由活动理解“人智学”理念，每当家长积极参与的同时，我们也可以看到孩子非常愿意跟随父母帮忙，并乐在其中，享受完成工作的成就感。

第三节　瑞吉欧教育

一、瑞吉欧教育简介

瑞吉欧是意大利北部的一个小城市，以其低失业率和低犯罪率、广泛而高质量的社会服务，以及地方管理机构的高效、诚实和富裕闻名。该城市的教育工作者、家长和社区成员发展了独特而具有变革性的教育教学理论、学校组织方法和环境设计原则，建立了一套公立幼儿教养体制，并在全世界巡回展出。1981年第一次到瑞典展出，标题为《当眼睛越过围墙时》，1987年在美国展出，标题为《儿童的一百种语言》。自此以后，瑞吉欧成为欧洲的变革中心，也得到世界各地越来越多的关注。

这一展览一直游历四方，不断向世界传递一份对儿童潜能的尊重和认可，随着人们对瑞吉欧幼教体系越来越了解，瑞吉欧的幼教体系也越来越得到世界的承认。美国的瑞吉欧·黛安娜幼儿园被美国的《新闻周刊》评为“世界上最富创意、最先进”的学校，其他瑞吉欧学校也获得了美国芝加哥基金会奖、安徒生奖，以及地中海地区国际学校协会的奖项等。全美幼儿教育协会（NAEYC）多次举办瑞吉欧教育学术交流会，而瑞吉欧方案教学的创始人和推行者马拉古齐也于1992年获教育工作贡献奖，甚至还被加德纳称为与福禄贝尔、蒙台梭利、杜威和皮亚杰齐名的伟大的教育家。

二、瑞吉欧教育理念

（一）走进儿童心灵的儿童观

在《儿童的一百种语言》一书中，马拉古齐的一首诗《不，一百种是在那里》充分表达了这一思想。

在这首诗中，我们可以体会到他视儿童为一个自己能认识、思考、发现、发明、幻想和表达世界的孩子，一个自我成长中主角的孩子，一个富有巨大潜能的孩子。首先，面对这样的孩子，成人应如何应对？最重要的是要承认“其实有一百”；其次，要以孩子的思维、儿童的立场来看待一切；最后，千万不要压制孩子，应让孩子充分表现其潜能。瑞吉欧的教育成就应该归功于这种“走进儿童心灵”的儿童观。瑞吉欧教育推行者还提出：当前的背景是幼儿的数量越来越少，几乎没有兄弟姐妹，又生活在充满新需求、新事物的环境之中，过早地被卷入成人生活，经常变成一个情感被过度投资的对象，幼儿的发育被束缚了。另外，现代儿童更健康、更聪明、更具有潜力、更愿学习、更好奇、更敏感、更有随机应变的能力。他们对世界充满兴趣，渴望友谊。为此，瑞吉欧采用弹性课程，以儿童为中心，从儿童的兴趣和需要出发，不让孩子生活在成人的包围之中。在幼儿园中，老师必须尽可能减少介入，更不可过度介入，“与其牵着儿童的手，倒不如让他们靠自己的双脚站立着”。百种语言：他们把文字、动作、图像、绘画、建筑构造、雕塑、皮影戏、戏剧、音乐等都作为儿童语言，归纳为：表达语言、沟通语言、符号语言（标记、文字）、认知语言、道德语言、象征语言、逻辑语言、想象语言和关系语言等，鼓励孩子通过表达性（动作、表情、语言、体态等）、沟通性及认知性语言来探索环境和表达自我，认为儿童的自我表达和相互交流特别重要，是儿童探索、研究、解决问题过程中的基本活动。瑞吉欧经验显示：“学龄前幼儿能够广泛运用各种不同的图像和媒介来表达，以及与他人沟通彼此的认知。”幼儿与成人共存于社会文化和社会现实之中，并通过每日的文化参与发展自我。将幼儿的成长与发育处于整个社会背景之下，可以更深切地理解个人与社会过程

两者各自的作用以及两者之间的本质。同时，这一理念还代表在共同分享中，每个人均可提出最好的想法，提升和加强团队间意见交流，并刺激新奇或出乎意料的事情发生，而这些是无法靠个人力量独自完成的。这种独特的看法虽然不是出于某些理论的指引，却是瑞吉欧教育取向在教育实践过程中对儿童的观察、了解及经验的总结，是与幼儿发育相关的实实在在的事实，是一种新的理念。

（二）强调“互动关系”和“合作参与”

“互动合作”是瑞吉欧教育取向的一个重要理念，也是贯彻在整个教育活动过程中的一项原则。“互动合作”包括老师和学习者的互相沟通，关怀和控制的不断循环，以及教育活动相互引导的过程。

瑞吉欧教育主张：儿童的学习不是独立建构的，而是在诸多条件下，主要是在与家长和老师、同伴的相互作用过程中建构的；是在特定的文化背景中建构知识、情感和人格。在互动过程中，儿童既是受益者，又是贡献者。互动存在于以下几个方面：①存在于发育和学习之间；②存在于环境和儿童之间；③发生在不同符号语言之间；④发生在思想和行为之间；⑤发生在个人与人际之间（最重要）。这一种对家长、老师和儿童互动、合作关系的看法，不仅使儿童处于主动学习地位，同时还加强了儿童对家庭、团体的认同感，让每个幼儿在参与活动时，能感受到归属感和自信心。瑞吉欧多年的务实经验，证实了社会文化环境、社会认知冲突和最近发育区等理论概念的重要性，同时也可看出从皮亚杰的建构主义到以维果斯基的社会文化发育论为基础的社会建构主义的发育过程。有人认为，瑞吉欧的课程取向是人类发育理论与社会文化环境的价值观信念及目标之间密不可分的关系，是成人与幼儿共建的深入主题的项目活动的基础。

（三）社区参与管理

在意大利，社区参与被看作是培养市民变革的积极性、保护教育机构不受过度官僚统治的危害并促进学校和家长合作的一条途径。以社区为本的管理是儿童、家庭、社会服务和社会之间相互联系的理论和实践的整合。这种管理方式能够适应文化和社会的变迁，能够促进教育者、儿童、家庭和社区的互动和交流。对于个体的成长来说，这四方也是同样重要的。因为儿童是社会的人，儿童的教育是所有人都关心和重视的。在儿童的教育中，多方的合作才能发挥教育的一致性和一贯性作用。首先，学校的本质就是一个交流和参与的环境，所以家长的参与是学校教育存在的一个前提。第二，家庭在孩子的教育中起着首要的和独特的作用，对孩子负有一定的职责。家长积极参与到学校中来，能够让儿童获得一种安全感，也是他个人成长的动机。

社区参与教育的历史传统以及家长在瑞吉欧幼教体系建立中的奠基者的地位，使瑞吉欧的家长和社区参与形成了一定的机制和形式。社区管理采取的主要形式是咨询委员会，如今除了支持城市的需要之外，他们的作用主要不在管理（如招生、收费等），而是顺应家庭和教育者的需要。每两年家长、教育者、市民都要为每一所托儿所和幼儿园选举代表参加咨询委员会。每个咨询委员会都要选出1或2名代表，服务于市托儿所和幼儿园等教育部门，和市长、市教育主管、早期教育主管、教研员一起合作，负责本市幼教事业的管理和发展。家长还可通过家长会、讲座等参加有关学校政策、儿童发育、课程设计和评估的讨论。在瑞吉欧的幼儿教育中，家长不是消极被动的接受者，而是参与者和领导者，掌握着孩子及学校的未来。

三、瑞吉欧教育的目标

瑞吉欧教育的最高理念与核心目标是儿童权益。儿童是自由的，儿童不仅是学习者，也有自己的世界。一切教育的工作都是为了保护儿童的权利，促进儿童的能力与潜力，让儿童共同享受机会。

在瑞吉欧教育中，目标取向为生成性目标。老师需要预先制定总的教育目标，但并不为每一项目或每一活动事先制定具体目标，而是依靠他们对孩子的了解及以前的经验，对将要发生的事情提出种种假设。依赖这些假设，他们形成灵活的、适宜这些孩子需要和兴趣的目标。孩子的需要和兴趣既包括在项目中孩子表现出来的，也包括在项目中由老师推断和引发出来的。

在瑞吉欧的课程中，并非放弃或忽略教育目标，目标当然是重要的（这里的目标指的是一般性的目标），并且始终保持在老师的视野范围之内，但更重要的是为什么要有这些目标，以及怎样实现它们。老师只有真正理解、明白了这些，教学过程才能变得自然、流畅、有效，充满智慧和创造。

瑞吉欧不预先设定每一项目或每一活动的具体目标，不意味着在活动开展之前老师毫无计划，只是这种计划不是针对活动的具体目标与程序，而是考虑孩子可能的想法、假设和象征，及他们可以引导的方向，对多种可能性的“假设”。瑞吉欧教育者认为，如果老师有1000个假设，那么他就容易接受来自孩子的第1001个或2000个不同的反应。只有当老师自己设想过足够多的可能性时，才更容易接受未知，对新的想法更加开放。因此，瑞吉欧的教育计划是“外出旅行时的指南针，而不是有固定路线和时刻表的火车”。

四、瑞吉欧的方案教学

（一）什么是方案教学

瑞吉欧的幼教体制中，被人们讨论最多的是其方案教学，方案教学是对瑞吉欧幼教课

程最精辟的概括。要了解方案教学，必须先认识方案。

方案是对某一个来自现实世界的、值得儿童关注的话题进行的深入而广泛的调查，一般是由小组儿童完成，当然也可以是儿童集体或个体完成。方案的一个核心特点是：它是一种研究性的学习，是为了解决一定的问题或发现某个问题的答案而展开的，这个问题可以由孩子发起，也可以由老师发起，或者由二者共同发起。方案强调发挥儿童的自主性，但也不忽视老师在其中的引导作用。一个成功的方案必须有足够的不确定性和开放性，能够让孩子以多种方式进行探索，能够激发儿童的兴趣，激发孩子的创造性思维和问题解决技能。

方案、主题和单元这几个概念相关但却存在区别。主题一般是一个含义比较广泛的概念或话题，常常是由老师提前计划好的，如四季、动物等，然后由老师收集与该主题相关的各种资料和材料，让学生从多方面对该主题有更新的了解。显然，主题可以成为方案活动的一个子话题，但方案活动与它的区别主要在于，方案活动相对更开放、更自由。单元是一些针对某些在老师看来对儿童很重要的话题而设计的课或者活动，老师一般有明确的计划，事先设定好目标，对孩子掌握的概念和知识有一定的要求。而方案是以自身的逻辑发育的，没有时间的限制，其结果很难预测。

方案教学是一个教和学互动的过程，是老师和儿童共同展开研究性学习的过程。方案教学与正规的系统教学存在互补而不是完全替代的关系，二者各有千秋，对儿童的发育都不可或缺。系统的教学是为了帮助儿童获得一定的知识技能，是针对儿童“不能做什么”，强调的是外在的动机，是在老师的直接指导下进行的，是预设的。而方案教学活动则给儿童提供了应用知识技能的机会，是根据儿童“能够做什么”，强调的是儿童内在的动机，老师重在鼓励儿童成为自己学习的主人，准备和安排必要的材料和环境，对儿童进行观察并与儿童协商决定学习的方向，以使儿童持久地参加到活动中来。可以说，方案活动给儿童提供的是一种背景，让儿童在其中主动地学习，自己决定和选择并探索自己感兴趣的东西，它不是一系列的预设，而是一个高度灵活的过程，儿童和老师之间存在很大程度的合作。

（二）方案（课程）的来源

方案（课程）的来源有很多：

1. 儿童的兴趣　一旦自己的兴趣得到承认和支持，其探索就不需要有任何的外在刺激。

2. 老师的兴趣　老师也拥有一些值得和儿童一起探索的兴趣，开展老师喜欢的工作，不仅可让孩子学到东西，还可让儿童感受到老师的热忱。

3. 发育的阶段任务　儿童在每个发育阶段，总有一些必须掌握的发育任务，如会单脚跳、会数数、会说长句，以及在社会性发育上的自主、友谊等，因此适合儿童发育的课程就要给儿童提供许多能够发育其这些能力的机会。

4. 物理环境中的事物 不管材料和工具是天然的或是人工的，都反映着一定的环境，如反映当地的气候，这些需要儿童亲身经历。

5. 社会环境中的人 儿童对各种各样的人——邻居、售货员等都会感兴趣，他们是干什么的，从哪儿来，儿童需要了解这些人并和他们建立联系。

6. 课程内容材料 老师手头可能拥有各种课程内容材料，可根据自己的环境、条件、教学风格及儿童的兴趣酌情采用。

7. 意料之外的事情 教室、社区乃至自然界发生的一切意料之外的事情，老师可以考虑采用。

8. 共同生活中的事情 如冲突的解决、保育及常规。日常生活中发生的事情都是潜在的课程内容，或者说是课程的基本成分。

9. 社会文化、社区、学校和家庭的价值观 教育一定要反映并满足一定的社会期望，但价值观的习得不需要直接教学，而需要适合发育的环境。

（三）课程的三个阶段

方案（课程）一般有三个阶段：开始、发展和结束，这三个阶段不是一个线性发育的过程，而是呈螺旋式上升趋势，其中的经验是不断重复的，但又是不断提升的，能使儿童从熟悉的东西入手并提炼新的理解。

1. 开始阶段 开始阶段的主要任务有确定主题、制定概念图、提出要探索的问题。

在这一阶段，老师一般先进行初步计划，根据儿童的兴趣、课程内容、材料是否可得选择研究的主题，如是否与儿童的日常生活密切相关，这是为了保证至少有部分孩子对这个话题足够熟悉，能够提出一些相关的问题；是否相对比较开放，除了包含一定的读写算等基本技能，还要能够融合科学、社会及语言等多门学科；内涵是否足够丰富，至少能够让儿童探索一个礼拜；是否适合在学校而不是在家里开展等。具体说来，选择的标准大致有以下几点：是儿童的现实生活中的；大多数儿童对此都有经验；能够进行直接的调查研究，且没有任何危险；获取材料很方便；可能包含多种表征方式；有可能吸引家长参与和支持；适宜社区和社会的文化和环境；大多数孩子会感兴趣；与学校或地区的课程目标和标准相关；有充分的机会让孩子应用基本的技能；具体的——不是太窄也不是太泛。总之，一个好的话题应该增强儿童本来的倾向，能够吸引孩子的兴趣并能让其投入到深入的观察和调查中，并以多种方式表现出自己的认识。

主题确定后，老师之间一般要进行“大脑风暴”，围绕某一话题制作一份概念图，提出方案发展的种种可能性，也只有这样才能保证老师有足够的开放性，随时接受来自儿童的观点。概念图还有利于活动的继续并对活动的进展进行评估。在这些准备之后，老师和孩子一起讨论，从中了解孩子已有的经验和知识，并帮助儿童提出有待探索的问题。

2. 发展阶段　这是第二个阶段：对问题进行直接探索，包括实地去调查某场所、物体或事件；提供各种材料，如实物、书籍及各种研究性材料以帮助儿童展开调查；建议展开探索的方法，每个儿童都把自己的认识表现出来，而老师通过全班或小组讨论使每一个孩子都互相了解各自的工作。这一阶段是方案活动的核心，儿童展开调查，从观察中获得信息并进行记录，建立模型，进行预测、讨论，并把自己的理解表现出来。例如，“雨中的城市”，让孩子在下雨时去观察，观察雨中匆忙躲雨的人们；去倾听，倾听雨落在不同表面上的声音；去体验，体验雨中的兴奋、忧虑和快乐。孩子们在雨中观察雷鸣、闪电、乌云，观察光和色的变化，观察城市中的人和物的变化。

3. 整理并展示结果　这是第三个阶段：儿童以多种形式准备各种发现及作品，然后由老师安排一次供孩子交流和分享学习经验的机会。可以讲述活动开展的过程，其中老师可以帮助儿童精心挑选交流的材料，引导孩子回顾和评价整个活动阶段。老师还应允许儿童以艺术的方式如绘画、讲故事或戏剧表演等来内化新经验。最后老师还利用儿童的兴趣和想法，在这个完成的方案的基础上衍生出一个新的方案。例如，在“雨中的城市”中，儿童画出水的循环和下雨前后天空的变化等，最后还延伸出“从一个雨水坑开始”活动，引发儿童探讨雨水中光和色的变化，水的透明性，以及对倒影、反射的认识。正是在这样的感知、观察和思考中，在这样一种更深更广的活动中，孩子的认识越来越接近科学，儿童的探究和想象和表征变得越来越融合。总之，雨、城市和儿童组成了一个巨大而统一的环境，从中可以读取儿童的语言、图像表达和思维发育过程。

（四）课程的评估

方案活动继承和发扬了很多杜威的实用主义思想。杜威基于“教育即生长、教育即生活、教育即经验的不断改造”这种对教育本质的认识，指出教育是一种过程，教育目的是教育者在不同阶段根据不同的教育内容制定的，教育的目的是发育性的、可变性的。而方案教学正是体现了这样一种教育目的观。

对于这样一种非目标指向的课程，《进入方案教学的世界》中提出，老师的评价可以根据方案发育的不同阶段来进行，主要采取自我问答的方式。在第一阶段——最初的构想和设计阶段，可以问：“它可对孩子的学习提供哪些可能性？”“它的复杂性如何？需要哪些资源？”“孩子关于工作的概念有多明确？”“这些计划对孩子的能力适合程度如何？”在第二阶段——方案的发育阶段，可以问：“工作如何进展？”“哪些问题被提出？”“孩子在工作中，如何应用基本的理论技巧？”在第三阶段——结束阶段，可以问：“最后的成果如何反映最初的计划？”“这些想象力与独创性的想法如何具体表现在作品中？”“最后的成果如何反映孩子思考的成长？”

可以看出，对方案各个阶段的评估主要靠记录的作用。记录是一种对儿童的学习和教育活动的说明和解释，是以任何一种形式记载能够提供足够信息帮助他人理解所记录内容的活动。记录的不仅是孩子的成果，而且还有孩子工作的过程，能够反映儿童如何计划、执行和完成所展现的工作，老师可以借此对儿童进行评价。同时因为儿童可以凭借记录和展示回味自己的工作或学习别人的工作，所以在儿童深入而广泛地学习某个方案的同时，还能够发育儿童的自评和互评的能力。

对孩子进行观察并进行记录实际上早就存在于许多的幼教方案中，但瑞吉欧·埃米利亚的记录更多地重视儿童在活动的过程中反映出来的经验、记忆、想法。从瑞吉欧·埃米利亚的经验看到，记录一般包括：在活动的不同阶段孩子所完成的不同作品，反映活动过程的照片及誊写的磁带内容，成人的评语，以及儿童在活动中的讨论、评语和解释，甚至家长的评语。

记录不是一个终结性的报告，而是一种过程性的报告，它是通过建立文件夹和档案（但并不是收集所有的信息）而形成的。在这些丰富而翔实的资料的基础上，老师就能够进行评估并做出判断，提出适宜的改进策略来支持每个儿童的学习和发育。可以说，记录提供了标准化测试所不能提供的信息，反映了远远超出传统测试范围的内容，有利于更深入和广泛地理解儿童。

当然记录不光是评价的作用，它还是家长参与的又一种方式，能够让家长认识儿童在幼儿园的生活，从而共同参与到子女的教育中。另外，对老师而言，这也是一种研究的工具和手段，能够让老师更好地了解和引导儿童，更明确地了解儿童的进步，同时也能够发现自己在儿童发育中的作用：如何帮助和引导孩子。同时也为老师修正和改进自己的教学方法、提出新的教学策略提供基础。

五、瑞吉欧教育的启示

瑞吉欧幼教体制中的以社区为本的管理方法、开放而充满教育机会的环境、合作性的学习和研究方式、师生同为课程和学习的主体、对记录的重视，以及对孩子的多种学习和表达方式尤其是艺术形式的强调为它赢得了很高的声誉，很多国家和地区正在从中汲取有益的成分，如瑞典斯德哥尔摩的实验托幼学校，阿尔巴尼亚的提拉那幼儿园，美国密苏里州圣路易斯城、俄亥俄州和加利福尼亚州的一些幼儿园，以及泰国曼谷的一些私立学校等。可以说，方案教学提供了一种新思路，让我们重新将儿童作为一个学习者的本质看待，重新审视课程的设计、老师的作用、教学活动的开展、学校的组织和管理、环境的设计和使用，以及家长、老师和儿童的合作等方方面面的因素。在近年来美国的早期教育界一直热衷于讨论“三件事”——发展适宜性教学、建构主义理论对早期教育的启示及瑞吉欧的方案教学。其中，瑞吉欧的方案教学是贯穿始终的。事实上，瑞吉欧教育已经成为发展适宜性教学原则的最有力的支持者，对丰富建构主义理论的内涵也有不小的贡献。

瑞吉欧的成功经验为我们探索儿童，儿童与老师，儿童、老师与家长的关系提供了线索。人们一直在提倡要以儿童为中心，重视儿童的主体作用，但却似乎从来没有做到这一点。人们也一直在探讨师生之间如何形成良好的互动关系，但似乎也没有找到一条切实可行的道路。家长参与也是近年来一直颇受重视的领域，但真正的参与似乎缺少一种机制或者媒介。瑞吉欧启示我们：

1. 重视在儿童的活动中自然而然地生成课程　在瑞吉欧学校，儿童参与深度的、长期性的调查，这体现了进步主义教育的主要特点。他们没有固定的课程计划，有的只是灵活的、深入而富有成效的方案活动。他们允许儿童自己做决定和选择，采取合作解决问题的学习方法（一般是与同伴合作或向老师咨询），并创造一种鼓励儿童追求自己兴趣、开展长期的调查活动的环境。这种课程是在具体的情境中逐步生成的，是老师根据活动中幼儿的反应及活动的进程来确定活动的发展方向的，可以说是老师和学生共同建构和协商的结果。在这种生成的课程中，儿童兴致盎然，内在的动机使他能够有足够的兴趣、坚持力和成就意识，在众多的可能性中做出选择，并坚持到自己成功。

2. 让老师成为幼儿的合作研究者　瑞吉欧的老师与儿童是平等的，他们共同参与到活动中。老师认识到儿童是发育的主人，具有丰富的潜力、很强的可塑性和很强的学习和成长欲望，同时儿童之间存在着差异，这种差异可以在有利的或不利的环境下扩大或缩小。于是瑞吉欧的老师就成了观察者和记录者，重视倾听儿童、发现和认识儿童，允许儿童自主、自由地探索，同时亲自参与到活动中，给儿童以反馈、建议和支持，引导儿童拓展自己的想法。在这种有系统地观察、记录、说明和评价的过程中，老师成为了儿童合作研究者，“尊重儿童”和“发挥儿童的主体性”不再是抽象而空洞的概念，而成为促进幼儿发育的重要动力。

3. 促进学校、社会和家庭的合作　家校联合似乎已经成为世界的一个共识，美国2000年六大教育目标之一就是促进家庭卷入到学校中，以形成教育的合力。瑞吉欧的管理是一种民主而开放的方式，社区参与管理机制的建立，能够适应文化和社会的变迁，也能够促进教育者、儿童、家庭和社区的互动和交流。事实上，在个体的成长中，家庭、社会和学校是同样重要的。因为儿童是社会的人。儿童的教育需要多方合作，这样才足以产生教育的一致性和一贯性效应。而学校是一个交流和参与的环境（杜威早就提出“学校即社会”），所以家长和社会的参与也是学校教育存在的一个前提。而家庭作为孩子成长的第一个重要的环境，对孩子的发育有着重要而独特的功能，家长积极参与到学校中来，能够让儿童获得一种安全感，更是他个人成长的动力。最重要的是，家庭和社会的参与意味着教育环境的扩大和教育资源的丰富，意味着儿童处处受教育，时时在学习，反映终身学习的时代特色。

方案教学还是一种个别化教育，它提供了因材施教的新思路；它更是一种跨学科的教育方式，告诉我们课程综合的一种途径；它还是一种深入而有意义的学习，有助于儿童主体性的发挥。它为我们思考在幼儿园里应该教什么，怎么教这一基本问题提供了又一思路。

第四节 婴幼儿感觉统合训练

一、感觉统合理论简介

感觉统合又称感统，1972年美国南加州大学艾尔斯博士根据脑功能研究，提出感觉统合理论。艾尔斯博士认为感觉统合是指将人体器官各部分感觉信息输入组合起来，经大脑统合作用，对身体内外知觉做出正确反应。感觉统合术语广泛地应用于行为和脑神经科学的研究，也就是说感觉统合的理论是由脑神经生理学基础发育而来。

例如：剥橘子时，视觉使我们知道它是黄色的、圆形的；触觉使我们知道它有粗糙的外皮和多汁的果肉；嗅觉告诉我们它有芬芳的气味；味觉让我们知道它是酸酸甜甜的；当我们以手掂它时，本体觉告诉我们它的大概重量。

简单地讲，感觉统合是一种大脑和身体相互协调的学习过程，没有感觉统合，大脑和身体都不能发育。大量的调查研究显示，任何一个儿童要百分之百达到感觉统合都是非常困难的。换句话说，几乎所有儿童都存在不同程度的感觉统合失调，只不过失调的轻重程度有差异。基于此，艾尔斯博士等12位世界级儿童心理生理专家首次开发了感觉统合智力训练，其最大的特点是能让1~15岁的孩子在玩乐中通过数十种训练器材刺激孩子的前庭觉、本体觉、视觉、触觉、听觉的综合发育，促进孩子的全面感觉统合。

二、人体的感觉系统

人体的感觉系统主要包括外部感觉和内部感觉：外部感觉主要包括视觉、听觉、味觉、嗅觉、触觉五种感觉；内部感觉是来自身体内部器官的感觉信息，主要包含前庭觉、本体觉等（图2–1）。艾尔斯博士强调触觉、前庭觉和本体觉这三种重要的感觉，这三种感觉让我们意识到自己的存在，是人体运作的基础，也是儿童健康发育的根基。

一般人们在了解环境中各种事物的意义等复杂的学习过程中，需要多种感觉的参与。例如，认识香蕉颜色时，孩子需要把身体调整到合适的姿态，眼睛控制在适宜的程度，这些需要运动觉和本体觉的参与，而感觉颜色则需要视觉的参与。

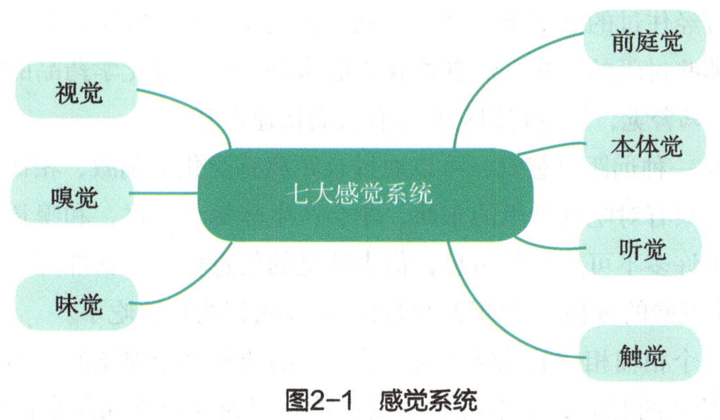

图2-1　感觉系统

1. 视觉　视觉系统的主要感官是眼睛，眼睛收集外界各种有关明暗、颜色、形状、大小等的信息，结合大脑其他各功能区的运作，可以帮助我们了解距离、方位、层次、比例等的关系。如果视觉系统发育不好，将会产生一定程度的功能不全或功能障碍。例如，读写困难、图形辨识困难、脸盲、容易迷路等。

2. 听觉　听觉是感受高低不同、强弱不同和性质不同的各种声音的感觉。空气中的声音振动耳膜，耳膜把振动传给听骨，听骨扩大振动传给耳蜗，在耳蜗里，振动转化为电流继续传入大脑功能区，大脑就能够感知到耳朵所听到的声音。大脑中的听觉处理中心很靠近视觉处理中心，两者可即刻交换信息。例如，听觉和视觉相配合时，儿童对所学的内容学得快、记得牢；孩子唱歌时，如果能看到与歌词内容相符的电视画面，就很容易记住歌词和曲调。一旦听觉系统因为某些原因受到破坏，导致传入的声音与实际的声音不同，孩子的发音学习就会受到影响，最典型的表现就是口齿不清。此外，如果周遭声音过大或父母重复唠叨，孩子的听觉系统还有可能对声音产生屏蔽现象或选择性屏蔽现象，严重的甚至出现自闭倾向。

3. 嗅觉　和现如今不同，在数百万年以前，人类最依赖的感觉并不是视觉和听觉，而是嗅觉。因为只有依赖灵敏的嗅觉，才能快速感知到远处的危险，提前保护好自己。伴随着文明的进步、社会的发展、人类有了更多更好的监测危险的方式，所以对嗅觉的应用也就相应变少了。但是，这并不代表嗅觉就不再重要。相反，嗅觉是唯一一个不需要通过大脑中转站处理，直接就可以将嗅觉信息快速传入大脑功能区的感觉系统，嗅觉吸收空气中漂浮的各种信息，帮助大脑快速对危险信息做出警觉反应。当一个人鼻子不通或嗅觉失灵时，对于周围环境中的危险觉察能力便会下降。

另外，除了帮助我们保持警觉，嗅觉在帮助我们建立记忆和寻找记忆的功能上，依然扮演着不可取代的角色。当我们闻到某种气味时，嗅觉刺激信息可以直达我们大脑的边缘系统，快速唤起旧的记忆。例如，妈妈做的卤肉的香味，可以让我们在脑海里立刻回忆起快乐的童年，想起曾经住过的老房子。对于不熟悉的气味，只要嗅觉正常，我们的反应也会特别快。例如，那些讨厌的气味，像食物腐烂的味道、刺鼻的化学药品的味道等，只要一出现，我们就会立马警觉，知道它们对身体有害而快速走开。

4. 味觉 嗅觉是一种远距离感觉，可以通过长距离感受化学刺激，相比而言，味觉则是一种近距离感觉，只有对吃到嘴里的东西，才会产生味觉。不过，和嗅觉一样，味觉也为我们的生存提供了许多不可或缺的讯息，借由味觉的信息输入，脑部可以判断该执行什么事项。例如，吃到发酸的食物，就知道已经坏掉，不可以再接着吃了。

味觉和嗅觉是两个相辅相成的感觉系统，有75%的味觉会受嗅觉的影响。例如，你会发现，在严重感冒鼻塞的时候，基本没有什么食欲，因为你感觉闻起来没什么味道的食物，吃起来也没有什么味道。

另外，味觉的发育也影响着大脑对口腔发音器官的管控，如果一个孩子从小缺乏咀嚼训练，经常吃一些流质的细软的食物，不但容易味觉敏感，出现挑食、偏食的情况，而且也容易在语言的发育方面出现口齿不清的问题。

5. 触觉 皮肤触觉感受器接触机械刺激产生的感觉，称为触觉。皮肤表面散布着触点，触点的大小不尽相同，分布不规则，一般情况下手指指腹最多，其次是头部，背部和小腿最少，所以手指指腹的触觉最灵敏，而小腿和背部的触觉则比较迟钝。

触觉是最早让人类感受到关怀、被爱及安全感的一种感觉，早期的触摸经验决定触觉敏感度可能发育的程度，对脑发育的全面品质有令人意想不到的重要影响。

触觉接收器遍布全身，根据位置的不同，它们进入大脑所经由的神经通路也不同。颈部以下的触觉接收器会先通过触觉神经通路把触觉信息传送到脊髓，再向上传送到脑干。而头部皮肤的触觉接收器，则会经由颅骨神经直接把信息传送到脑干，然后脑干中的触觉信息又会被广泛地分送到大脑的其他部分。

需要注意的是，有些触觉信息并不需要传入大脑皮层中能使我们“认知感觉”的部分，而只在大脑较低层次的组织中就可以被处理。例如，脑干中的神经核就可以对触觉信息进行处理，让我们知道是冷，是热，是痛，还是瘙痒。不过这种处理只是帮助我们察觉刺激是否有危险性，而不能准确地告诉我们这个刺激位于皮肤的哪个地方，是什么造成的等细节性的内容。

触觉系统不仅是人类分布面积最广的感觉系统，也是人类发育最早的感觉系统。人类在胚胎时期一共有三层，最里面一层叫作内胚层，以后会发育为各种器官；中间一层叫作中胚层，以后会发育为骨骼、肌肉、消化系统和呼吸器官等；最外面一层叫作外胚层，以后会发育为皮肤、头发、指甲和神经系统。这也就意味着，人类的触觉系统和神经系统其实是一体的。

触觉的发育对情绪的影响也会比较明显。例如，触觉比较敏感的孩子，情绪控制能力

会比较差，容易发脾气，容易胆小爱哭，而触觉比较迟钝的孩子则正好相反，常常缺乏自我意识，情感淡漠。

6. 前庭觉　前庭觉的学名是平衡觉。前庭位于内耳，是维持平衡的器官。前庭受到的刺激，经前庭神经传入高级神经中枢前庭神经核团（脑干最大的神经核团）。前庭神经核团构成复杂，与其他部位的联系极其丰富。前庭系统可以影响头、颈、躯干及四肢肌的运动，以维持身体的平衡。

正常情况下，前庭系统本身具有良好的调节功能，当外界的前庭刺激太多时，它就会自动地发挥抑制功能，主动过滤掉过多的刺激。而当外界的刺激过少时，它又会主动发挥促进作用，扩大神经传导的通道。

前庭觉对孩子的日常生活尤其是学习起着重要作用。怀孕五个月左右的时候，胎儿的前庭系统已经发育得很好，并开始和触觉、视觉系统一起，为胎儿的大脑提供几乎全部的感觉输入。因此即使是怀孕早期，也应该适当运动，为胎儿的前庭觉提供适当的刺激输入。

7. 本体觉　本体觉又称深感觉，是指来自肌肉、肌腱、关节等的位置觉、运动觉和振动觉。

本体觉包含三个方面: ①关节位置觉，辨别和感知关节的空间位置；②运动觉，辨别和感知关节运动方向和速度；③抵抗感觉，辨别和感知作用在关节上的力或关节内产生的力。

我们的肌肉、关节和筋膜上都附有本体感受器，因此每当我们身体做出一个动作时，肌肉、关节和筋膜上的神经感受器就会接收到运动信息，然后通过传入神经传入大脑。大脑再对各种运动信息统合处理，及时做出反应，然后我们的身体各部位才能协调运作，动作流畅。

所以，只有有了良好的本体觉，才能更顺畅地走路、跑步、爬楼梯、提袋子、跳跃、坐卧等，而不会动辄摔跤、撞倒，以及做什么事都四肢不协调。

但是，本体觉并不是天生的，只有在触觉系统和前庭系统都正常发育的前提下，加以丰富的后天锻炼，如婴儿期的翻身、爬行训练，幼儿期的拍球、平衡训练，儿童期的跳绳、游泳训练等，获得丰富的本体觉刺激，才能逐渐培养起良好的本体觉。所以，不要过多限制孩子的行为，让孩子从小就获得更全面的发育。

三、婴幼儿感觉统合失调的表现

感觉统合失调，指的是外部的感觉刺激信号，无法在儿童的大脑神经系统进行有效的组合，而使机体不能和谐运作，久而久之形成各种障碍，最终影响身心健康。感觉统合障碍发生在中枢神经系统，而中枢神经系统主要部位是脑部。如果脑部处理事物的功能出现障碍，就无法执行组织感官信息这一最重要的工作。存在感觉统合障碍的孩子无法针对感官信息做出反应，所以导致他的行为变得没有意义或不协调。感统失调依据类型的不同，主要有以下表现：

1. 前庭平衡功能失常 表现为多动不安，走路易摔倒，原地打圈，晕眩，上课不专心，爱做小动作，任性，兴奋好动，黏人，自控能力差，情绪不稳定，爱挑剔，语言发育迟缓等。

2. 视觉感知不良 表现是尽管能长时间地看动画片，玩电动玩具，却无法顺利地阅读，经常出现跳读或漏读或多字少字，常把数或字写颠倒。

3. 听觉感知不良 表现为对别人的话听而不闻，经常忘记老师说的话和留的作业等。

4. 触觉过分敏感或过分迟钝 过分敏感表现为害怕陌生的环境、吃手、咬指甲、爱哭、爱玩弄生殖器等；过分依赖父母，容易产生分离焦虑；或过分紧张、过分碰触各种东西。过分迟钝有强迫性的行为（一再重复某个动作），表现为缺乏自信、消极退缩。

5. 痛觉过分敏感或过分迟钝 冒险行为、自伤自残，不懂总结经验教训；或者少动，孤僻，不合群，做事缩手缩脚，缺乏好奇心，缺少探索性行为。

6. 本体感觉失调 方向感不强，容易迷路，容易走失，闭上眼睛容易摔倒，站无站姿、坐无坐相，容易驼背、近视，过分怕黑。

7. 动作协调不良 走路容易摔倒，不会系鞋带、扣纽扣、用筷子，不能像其他孩子那样做翻滚、骑车、跳绳和拍球等精细动作。

四、婴幼儿感觉统合训练的内容和方法

（一）什么是感觉统合训练

感觉统合训练是基于儿童神经发育需要，通过专业训练师指导，凭借各种专业器材，实施有计划、有针对性的游戏运动，通过输入较强的感觉刺激，诱发做出适应性反应，达到改善脑处理感觉讯息，改善脑组织的神经功能的目的，有效提高孩子对自己的行为反应进行管控的能力，矫正各种不良表现和失调状态，充分开发大脑潜能，调整情绪和性格，增强孩子自信心，提高日常生活活动能力。

感觉统合活动设计是指通过精心设计的器械（玩具），采用游戏的方式，针对孩子感觉统合失调（触觉过分防御或迟钝、前庭功能发育不全、本体觉不足及整个身体协调不良等）进行感觉运动强化训练，加强正确的运动感觉刺激并建立、恢复其正常的运动模式。

（二）感觉统合活动的目标

（1）帮助儿童抑制和调节感觉信息，提供儿童各种感觉信息，帮助调节中枢神经系统。

（2）全面提高儿童身体素质和运动能力，发展儿童潜能。

（3）促进大脑分工合作的协调性，培养儿童感知觉动作统合能力。

（4）培养儿童社会情绪及认知的发育和生活自理能力的提高，帮助儿童体验自主学习的乐趣，让儿童学会在轻松愉快的情绪中完成学业，让儿童拥有快乐、幸福的生活。

（5）消除学习能力障碍中的感统障碍及由感统障碍导致的注意力不集中等现象，帮助儿童对感觉刺激做出比较有结构的反应，最终目标是提升儿童的综合能力，如行为能力、组织能力、学习能力、集中注意能力。

（三）感觉统合训练的内容

1. 触觉训练　通过按摩球、指压板、平衡触觉板等器械强化皮肤、肌肉、关节的神经感应，辨识感觉层次，调整大脑感觉神经的灵敏度（图2-2）。

图2-2　儿童触觉训练

适用儿童：爱哭、胆小、情绪化、怕陌生、笨手笨脚、怕人触摸、发音不正确、挑食、注意力差、自闭、体弱多病等。

2. 前庭平衡觉训练　通过平衡踩踏车、大龙球、大滑板、小滑车、跳袋、吊缆等器械调整信息及平衡体系自动反应机能，促进语言组织能力健全，提高前庭平衡觉及视听能力（图2-3）。

图2-3　大龙球训练

适用儿童：身体灵活性差、姿态不良、双侧协调不佳、多动、语言发育迟缓、视觉空间不佳、阅读困难、自信心不足、注意力不集中、方向感不佳、学习能力及习惯难以培养。

3. 弹跳训练　通过羊角球、跳跳床等调整固有平衡、前庭平衡感觉体系，强化触觉神经，关节信息，促进左右脑健全发育。

适用儿童：站坐无相、姿势不正、情绪化、身体灵活度不够、多动、注意力不集中、语言发育迟缓、阅读困难、胆小、情绪化、笨手笨脚、视觉判断不良、触觉发育不良、关节信息不足。

4. 固有平衡训练 通过独脚凳、大陀螺、跷跷板、竖抱筒等调整脊髓中枢神经对地心吸力的协调，强化中耳平衡体系，协调全身神经功能发育（图2-4）。

图2-4 独角凳训练

适用儿童：多动不安、易跌倒、脾气急躁、语言发育不佳、缺乏组织能力及推理能力、双侧协调不良、手脚不灵活、自信心不足。

5. 本体觉训练 通过跳床、跳袋、晃动独木桥、滑板、1/4圆等强化固有平衡、前庭平衡、触觉、双侧肌肉协调，灵活身体运动能力，均衡左右脑发育。

适用儿童：语言发育缓慢、笨手笨脚、注意力不集中、多动不安、情绪化、组织力及创造力不足。

（四）感觉统合训练器材

1. 滑板

（1）器材简介：滑板由一面均匀位置安装四个万向轮的木板组成。

（2）活动：孩子俯卧在滑板上，上身紧贴滑板，以腹部为中心，头颈抬高，挺胸，双手双脚抬高，如同飞机起飞状，保持静态。

（3）作用原理：颈部张力的提高可刺激儿童的前庭系和本体觉，俯卧姿势的维持可促进身体的双侧协调。

图2-5 平衡台训练

2. 平衡台

（1）器材简介：平衡台是底部略呈弧形的方台，其长宽约为80 cm × 40 cm，高度约为20 cm（图2-5）。

（2）活动设计：站在平衡台上保持平衡（静态平衡），儿童可以手叉腰保持平衡，也可以双手伸展保持平衡。

（3）作用原理：由于平衡台的着地面积较小，如果身体重心控制不好，两边易着地，易使身体失去平衡；而且站在平衡台上提高了人体的重心，所以维持平衡的难度较大。站在平衡台上人容易两边摇晃，使身体双侧不能协调，这时为维持平衡所做的身体调整对前

庭系的刺激较大，可唤醒较弱的前庭觉；对于前庭觉过度敏感的儿童，也可提高身体双侧的协调能力。同时，对身体本体觉有一定的刺激，对注意力的改善有所帮助。

3. 大龙球

（1）器材简介：大龙球一般直径为65~95 cm，有表面光滑和带突起的两种。一般来说，前者所产生的触觉刺激较弱，而后者较强。对于刚开始接受触觉训练的儿童，宜先选用光滑面的大龙球，待熟悉之后再选用带突起的。

（2）活动设计：儿童俯卧或仰卧在地上，由指导老师拿着大龙球在其身上轻轻转动按压。注意，对于刚开始接受训练的儿童，应先压其背部，即儿童采取俯卧式，而不宜按压其腹部，因为腹部较易产生过敏反应，且身体的很多重要器官在此。而对于已经训练一段时间并且不太敏感的儿童，可按压其腹部，即儿童采用仰卧式，在开始按压腹部时注意动作要轻柔，并注意观察儿童反应。按压时可前后、左右、上下转动，可全身按压、按压脚底。

（3）作用原理：大龙球对身体的不断挤压可以给身体提供较强的触觉刺激，对触觉过敏或迟钝均有调节作用。

4. 竖抱筒

（1）器材简介：竖抱筒是一个有圆形实木底座的圆柱，外面用帆布包裹，悬吊固定于铁支架上，悬挂高度距离地面25~30 cm为宜。

（2）活动设计：抱住竖抱筒摇晃。儿童坐在竖抱筒底座上，双腿夹紧竖抱筒，屈曲身体，双手抱紧圆筒，在指导师的协助下或自己发动做前后、左右摇晃。也可以以圆筒为圆心连续旋转，顺时针方向和逆时针方向交替进行，也可以做360° 大旋转。注意旋转速度不宜过快，应密切注意儿童的反应，以防眩晕跌落。如果旋转后眼球震颤时间过长、眩晕厉害，说明前庭系过度敏感；如果完全不眩晕或眼球震颤时间较短，说明前庭系迟钝。

（3）作用原理：竖抱筒摇晃起来使身体有一种收紧蜷缩的感觉，荡起来很稳定，很有安全感，较易被前庭平衡觉敏感的孩子接受。身体蜷缩时的姿势及抱竖抱筒时的用力有利于强化儿童的本体觉。摇晃可提供给儿童强烈的前庭刺激，可使迟钝的前庭觉复苏。同时身体与筒底的接触及手对圆筒的抓握对触觉敏感的孩子是很好的锻炼。

5. 大陀螺

（1）器材简介：外观像大漏斗，底部呈锥形，直径80 cm，高42 cm，可以进行前后、左右摇晃和旋转。

（2）活动设计：让孩子坐在陀螺中，注意臀部应位于旋转陀螺的中心凹处，孩子的手抓住陀螺的两侧边缘，保持平衡，转的时候可以多样化，可左右交错旋转、回转，也可以中断，观察孩子的反应，如果条件具备，可以让孩自己移动身体，调整重心使陀螺旋转起来，转圈数视儿童情况而定，一般正反方向各转20~30圈。

（3）作用原理：通过调整身体姿势使陀螺旋转，这种有目的的动作及在动作中所做的调整对儿童身体形象概念的建立帮助很大，同时对本体觉有较大刺激。陀螺的旋转会给儿童的前庭觉较大的刺激，有利于前庭觉迟钝的调整。

6. 独角凳

（1）器材简介：独角凳是由塑料或木材制成的平衡器材。

（2）活动设计：坐在独角凳上，左右摇摆，并伸展手臂，保持身体平衡。

（3）作用原理：坐在独角凳上，腿部肌肉和颈部肌肉会产生较强的收缩，能输入较强的本体觉信息，对平衡能力有较高的要求；左右摇摆对身体的协调能力、平衡能力是一种锻炼；手臂伸展坐在独角凳上维持平衡可以提供较强的本体觉信息，对平衡能力有很高的要求。

7. 平衡圆

（1）器材简介：平衡圆是由塑料或木材做成的圆形状的平衡器材，可以拆卸进行自由组合（图2–6）。

图2–6　平衡圆训练

（2）活动设计：将平衡圆组成圆形，让儿童在里面绕圈行走。可以正走、倒走、闭眼走和抱球走。

（3）作用原理：绕圈行走，身体位置的不断改变对前庭觉是较大的刺激。倒走和闭眼走因为在维持平衡时缺少视觉信息，对平衡能力要求更高；抱球走使行走时不能通过摇摆双手来维持平衡，同时还需要保持球不脱手，因此对平衡能力、专注力要求更高。

8. 阳光隧道

（1）器材简介：阳光隧道是由塑料、布或金属做成的隧道。

（2）活动设计：让儿童钻进去再爬出来，待儿童熟练后可以在儿童爬的过程中轻轻转动隧道。

（3）作用原理：儿童钻进隧道，封闭的空间可以提供给儿童较强的安全感，由于隧道较窄，因此提供的触觉刺激较为丰富。爬行动作的维持可以提供给儿童较强的本体觉。

9. 万象组合

（1）器材简介：万象组合由一系列圈、棒、平衡木、彩色手脚印、豆袋、全砖、半砖，以及圈夹和棒夹等组成。

（2）活动设计：2~3岁的儿童可以安排爬圈、走平衡木、跳脚印等活动；3~4岁的可以

跳、阶梯走、爬圈和走独木桥；4~5岁的儿童可以跳、阶梯走、爬圈、单脚跳、跑、跳和投篮、弯腰过障碍、过河石；6岁以上的儿童可以安排过河石、弯腰过障碍、跳、跑等活动。

（3）作用原理：爬行对于本体觉和触觉是很大的刺激，绕圈爬行过程中视觉能力、动作计划能力得到了充分的锻炼；走平衡木可锻炼平衡能力；跳脚印对儿童的注意力、视觉能力及肌肉运动能力、平衡能力是很好的锻炼。

拓展活动

蒙台梭利教具指导

通过查阅图书、网络搜索、现场参观等方式，整理搜集有关蒙台梭利的教具及使用方法，现场进行蒙台梭利教具展示。

讨论与思考

蒙台梭利教育、华德福教育、瑞吉欧教育这三种教育体系哪种更适合我国幼儿园？

扫码看同步练习

第三章
婴幼儿动作活动设计与指导

学习目标

1. 了解婴幼儿动作发育特点及规律。
2 .掌握婴幼儿各个阶段动作发育水平。
3. 会设计并实施婴幼儿动作活动。

情景导入

明明刚满100天，妈妈带他去社区医院做保健，保健医生协助明明从仰卧到了俯卧，明明趴在那里头抬得不高。医生告诉明明妈妈，这个阶段的孩子可以抬头45° 以上。医生给明明评语：抬头不佳，颈部偏软。明明妈妈很担心。

请思考：3个月的婴儿动作发育程度。

第一节 婴幼儿动作发育特点

一、婴儿动作发育的特点

（一）婴儿动作发育的原则

1. 头-尾（从上到下的）原则 儿童最早发育的动作是头部动作，其次是躯干部动作，最后是脚的动作。儿童的动作通常按抬头→翻身→坐→爬→站→行走的顺序发育。

2. 近-远（由中心到边缘的）原则 接近身体中心（躯干）部分的肌肉和动作总是先发育，远离身体中心的肢端部分的动作最后发育。以手臂为例，肩和上臂首先成熟，其次是肘、腕、手，手指动作发育得最迟。

3. 整体-部分-整体原则 初生婴儿的动作是混乱笼统的、未分化的大肌肉群动作。如四五个月的婴儿要取面前的奶瓶，往往不会用手，而是用手臂乃至整个身体；哭泣的时候

也是全身舞动。随着神经系统和肌肉的成熟，以及婴儿自身的反复练习，动作不断分化。婴儿渐渐学会控制身体局部的小肌肉群动作。当身体某部位受到刺激时，能控制仅由有关部位做出反应，而抑制其余部分的动作。在婴儿获得了对各部分的小肌肉群动作控制之后，又学会把这些小动作“归并”到一起，整合成为更加复杂的整体动作。例如，婴儿在学会控制头、颈、手臂的动作后，在这些已经分化了的动作的基础上整合协调产生了坐的动作。这是更高一级的整体动作。

动作发育就是从大肌肉群动作到小肌肉群动作，从未经分化的混沌的整体动作到分化的整体动作的不断分化、不断整合的过程。

（二）婴儿动作发育的顺序

婴儿动作发育，主要包括行走动作、手的抓握能力和动作技能的发育。

1. 行走动作发育顺序　抬头→抬胸及肩→翻身→坐→爬→站→行走。

2. 抓握能力发育顺序　手不会接触物体→能接触物体→一把抓→拇指与四指对立抓→食指与拇指协调抓。

3. 动作技能发育顺序

（1）认识阶段：试图了解动作技能的要求；以尝试→错误学习为特征的联合阶段，从先前的“做什么”阶段发育为“如何做”。

（2）自主阶段：动作错误下降，能更有效、自主地做出反应，把新获得的动作与其他动作整合起来。

二、0～6个月婴儿动作的发育

（一）0~6个月婴儿动作发育的特点

婴儿出生带来了与生俱来的应付外界刺激的许多本能，天生的本能表现为非条件反射，它们是不学而会的，主要有吸吮反射、眨眼反射、怀抱反射、抓握反射、惊跳反射、迈步反射、游泳反射、击剑反射、巴宾斯基反射、巴布金反射、缩手反射等，这些反射对于婴儿维持生命和保护自己具有重要而现实的意义。非条件反射随着年龄的增长会逐渐消失，相继建立起来的是各种条件反射。婴儿用以应答外界环境刺激的条件反射是在非条件反射的基础上建立的。

知识链接

先天的非条件反射

（1）吸吮反射：奶头、手指或其他物体，如被子的边缘碰到了新生儿的脸，并未直接碰到他的嘴唇，新生儿也会立即把头转向物体，张嘴做吃奶的动作，这种反射使新生儿能够找到食物。

（2）眨眼反射：物体或气流刺激眼毛、眼皮或眼角时，新生儿会做出眨眼动作，这是一种防御性的本能，可以保护自己的眼睛。

（3）怀抱反射：当新生儿被抱起时，他会本能地紧贴成人。

（4）抓握反射：又称达尔文反射，物体触及掌心时，新生儿立即把它紧紧握住。

（5）巴宾斯基反射：物体轻轻地触及新生儿的脚掌时，他本能地竖起大脚趾，伸开小趾，这样，5个脚趾形成扇形。

（6）迈步反射：又称行走反射，大人扶着新生儿的两腋，把他的脚放在桌子、地板或其他平面上，他会做出迈步的动作，好像两腿协调地交替走路。

（7）游泳反射：让婴儿俯伏在小床上，托住他的肚子，他会抬头、伸腿，做出游泳的姿势。如果让婴儿伏在水里，他会本能地抬起头，同时做出协调的游泳动作。

（8）巴布金反射：如果新生儿的一只手或双手的手掌被压住，他会转头张嘴；当手掌上的压力减去时，他会打哈欠。儿童先天带来的本能动作有不同的性质，有些对新生儿维持生命和保护自己有现实意义。

为此，对于1岁前的宝宝，主要练习手腕灵活性，比如从高处够玩具；对年龄大一些的孩子，可以通过涂鸦、端水、使用工具、剪东西、定形撕纸来锻炼手腕运动能力。

在生命的第一周，婴儿的身体活动主要是反射。例如，当你将手指放入他的口腔时，他会反射性地吸吮；在面对强光时，他会紧闭眼睛。同时，在这一时期内，婴儿会有些痉挛的样子，下巴会颤抖，手也会抖动，快满月时逐渐消失，取而代之的是更顺畅的上下肢运动，看起来像在骑自行车。腹部朝下时，他的下肢会做爬行运动，而且像是要撑起来的样子。在第一个月内，婴儿的手大部分时间紧握成拳，手指运动非常有限，但他可以屈伸手臂，将手放到眼睛看得见的范围或口中。

2个月时，婴儿可能已经可以挣扎着抬起头并向四周张望，尽管他的头只能抬起1~3秒，但至少可以使他以稍微不同的视野看这个世界，将鼻子和嘴巴离开阻碍他的枕头和毯子。孩子的腿也逐渐变得更加强劲而主动，他的腿会从刚出生时的屈曲状态开始伸直。虽然他时而的踢腿仍然以反射性为主，但力量增加得很快。他的手部运动出现许多变化，手

突然间就会放松，手臂外展。

3个月时，当婴儿俯卧位时，可以把头抬得很高，可以离开床面45° 角以上。而且3个月的婴儿还可以靠上身和上肢的力量翻身，这时他往往是仅把头和上身翻过去，而臀部以下还是仰卧位的姿势。这时如果妈妈在他的臀部稍稍给些推力，或移动他的一侧大腿，婴儿会很容易把全身翻过去。

4个月时，婴儿完成翻身的动作，能够熟练地进行翻身。同时，婴儿腰部的肌肉有所发育。

5~6个月时，当婴儿仰卧，妈妈拉着婴儿的手，婴儿可以借助外在的力量坐起来，但并不能坐稳，很多婴儿坐着时保持前倾的姿势，或者会直接歪向一边。多数婴儿在7个月左右才能完成独立坐稳这个动作。

（二）0~6个月婴儿动作发育水平

0~6个月婴儿动作发育水平如表3-1所示。

表3-1　0~6个月婴儿动作发育水平

年龄	发育水平
0～3个月	（1）头竖立：竖抱时头能竖直向四周张望，头能随着看到的物品或听到的声音转动180°
	（2）俯卧抬头：刚开始俯卧时能尝试抬头，第三个月时，俯卧能抬头45°
	（3）上肢动作：能晃动手臂，能抓住玩具片刻
	（4）下肢动作：未满月的婴儿能尝试用蹬腿挪动身体，2~3个月的婴儿能尝试抬起腿脚
4～6个月	（1）翻身训练：3~5个月是婴儿翻身的关键期，婴儿在这阶段能完成翻身
	（2）坐：半岁的婴儿能独坐片刻，但还不灵活，也不稳定
	（3）上肢动作：5~6个月是婴儿双手合作能力发育的关键期，这时婴儿会用手完成抓握、推、敲等多种动作，也会将玩具拿起、放下
	（4）下肢动作：在成人的搀扶下能跳跃，双腿可抬高90° 以上

三、7～12个月婴儿动作的发育

（一）7~12个月婴儿动作发育特点

1. 行走动作迅速发育　7~12个月是婴儿行走动作能力发育最迅速的时期，学坐、学爬、学站、学走基本是在7~12个月发生的。婴儿在半岁前学会了抬头和翻身，开始学习独自坐，但是还坐不稳。6~7个月的婴儿能够坐稳，坐着时不再向前倾。7~8个月婴儿开始慢慢会爬。坐和爬的动作是交叉发育的，学会爬行对婴儿发育的意义非常重要，它意味着婴儿可以扩大自己的活动范围，主动探索和接触周边的事物。同时爬行还可以锻炼四肢和背部肌肉的力量和协调运动，可以促进大脑和小脑之间神经的生长和发育。10个月左右，婴儿开始学习扶着站起，扶着站稳，然后扶着迈步，到满1周岁时，婴儿基本能独立走上几步，但不是很熟练。

会坐使婴儿从躺着的姿势解放出来，会爬、站、走使婴儿开始摆脱成人的怀抱，进行主动移位，可以自行接近事物。这个时期的孩子开始能够自己活动，扩大了活动范围，开阔了眼界，满足了好奇心，这对认知、情绪、人际交往等方面的发育都有促进作用。

婴儿学习这些动作不是先学一样再学另一样，而是交叉进行的。例如，站立是在10~11个月时学会的，但在5~6个月时便可以依靠成人扶住两腋站立片刻，7～8个月时可以由成人拉着双手站立，接着可以自己扶着东西站立。在这期间，婴儿同时又在学习坐、爬、蹲等动作。

2. 手的动作开始形成（手眼协调）　半岁以后，婴儿手眼协调能力有所发育，婴儿的手日益灵活，形成了一系列的动作，手开始成为认识活动的器官。通过手和眼的作用，可以发现物品更多的特性，更快地了解环境。例如，对于一个玩具，婴儿眼睛能看到它的颜色、形状，手能摸到它的软硬、质地。在眼睛的监控下，通过手的摆弄，婴儿还可以发现物体的上下、左右、前后的特性等。

（1）五指分工：这个阶段，婴儿的拇指和其他四指的动作逐渐分开，采取对立的方向，而不是五指一把抓。7个月左右，婴儿在拿东西的时候，五指分工动作已经逐渐灵活。

（2）双手配合：半岁以后，婴儿可以用两只手配合着拿东西，能够把一只手里拿着的东西放在另一只手里。

（3）摆弄物体：这时期婴儿的手已不是无意识地乱动，而是开始针对物体活动，喜欢把东西拿来拿去、敲打或摇晃。这时候婴儿抓住玩具也喜欢送到嘴里咬。

（4）重复连续动作：婴儿后期喜欢拿着物体做重复的动作，如把小盒的盖子拿下来、盖上去再拿下来、再盖上去，如此重复20多次；衣服上的暗扣，按下去、掰开来，这样的动作可以持续十几分钟。

（二）7~12个月婴儿动作发育水平

7~12个月婴儿动作发育水平如表3-2所示。

表3-2　7～12个月婴儿动作发育水平

年龄	发育水平
7~9个月	（1）坐：独坐自如，能自己坐起、躺下
	（2）爬行：婴儿7个月刚开始会爬时，动作并不熟练，通常四肢和腹部一起用力才能挪动身体。随着动作的熟练，到8~9个月时，腹部可离开床面，依靠四肢的力量自由爬行
	（3）扶站：7个月时，婴儿需要扶住腋下或者双腕才能站立，站立时保持腰、胯、膝关节能伸直。8~9个月婴儿在爬行的过程中，也可以扶着物体站起来
	（4）捏取：用拇指、食指配合取物
	（5）换手接物，对击玩具
	（6）体位变换自如：婴儿能完成从仰卧到俯卧，从俯卧到坐，从坐到爬，从爬到站这些动作的转换
9~12个月	（1）爬台阶：对熟练四肢爬行的婴儿，可改变爬行高度，让婴儿练习爬台阶
	（2）扶物活动：自己能扶着栏杆或者物体站起、坐下、蹲下、跨过障碍物
	（3）学走：婴儿在可以独立站稳后，自己可扶物行走，有些可独自行走几步
	（4）盖瓶盖：自己能打开、盖上不需要拧的瓶盖
	（5）搭积木：能把积木垒高或排成一排
	（6）玩球：能扔球、滚球，会把大圆圈套在木棍上

四、13～18个月幼儿动作的发育

（一）13~18个月幼儿动作发育特点

13~18个月的幼儿进入人生的第二个年头，他们开始学会走路，自由活动能力增强，活动空间扩大，与人互动的行为增多，探索外部世界的欲望表现明显。成人要全面了解这个阶段幼儿的发育特点，为其提供发育的适宜环境，准备富有价值的亲子活动。

1.学会直立行走　13~18个月，幼儿开始迈步、学习走路。这个时期如果大人牵着或扶住栏杆，幼儿会走得比较好。但如果要求其自己迈步走路，有的会害怕、不敢向前走；有的还走不稳，需要成人伸出双手保护。这个阶段的幼儿走路时头会不自觉地向前倾，步幅不稳，忽大忽小，容易摔倒，手脚配合也不协调，显得很僵硬。幼儿不能自如行走的原因主要是:

（1）头重脚轻，走路难以保持平衡。

（2）骨骼、肌肉比较稚嫩，支撑身体比较吃力。

（3）脊柱的弯曲没有完全形成。

（4）两腿和身体动作配合不到位。

由此可见，这个阶段幼儿学走路时摔跤是自然的事情，大人不必惊慌，应该镇静地鼓励他们自己爬起来，继续往前走。

幼儿学会直立行走后，活动更自如，视野更宽阔，主动活动范围扩大，解放了双手，同时使眼、手配合的动作大大增加，这对幼儿脑发育有着良好的作用。

2. 手的动作逐渐灵活 出现手眼协调动作之后，幼儿手的动作逐渐灵活，能够准确地拿取各种东西，能较好地进行双手配合活动，剥、拧、捏等各种精细动作日渐发育起来。同时，手在认识活动中的作用也越来越大，成为认识活动的器官。他们会灵巧地针式捏起小丸，能拇指与食指、中指相对用指尖抓起立方体，可以将积木垒高等。

18个月左右，幼儿不再是拿着东西敲敲打打、单纯摆弄，已经能根据物体的特性来使用，这就是把物体当作工具来使用的开端。例如，抓起画笔后已经不是单纯玩画笔，而是把画笔当成工具自发乱画；拿起勺子已经不是用来挥舞，而是开始用勺子取物，尽管不一定挖到东西。

（二）13~18个月幼儿动作发育水平

13~18个月幼儿动作发育水平如表3-3所示。

表3-3 13～18个月幼儿动作发育水平

年龄	发育水平
13~15个月	（1）独立行走：会独立行走，走路时喜欢推、拉、拿着玩具
	（2）扔皮球：会滚球、扔球，但方向掌握不好
	（3）搭积木：会用少数积木垒高
	（4）手部精细动作：手指灵活性进一步增加，能准确地拿放各种东西
16~18个月	（1）上下楼梯或台阶：婴儿会平稳走路后，要进一步锻炼婴儿在斜坡上、台阶上走路的能力
	（2）踢球：在成人的协助下，可以完成踢球动作
	（3）双脚跳：能双脚跳起，但动作还不灵活
	（4）手指精细动作：手指灵活性进一步发育，能完成穿珠子等协调性动作

五、19～24个月幼儿动作的发育

（一）19~24个月幼儿动作发育特点

1.最初的基本动作已经发育完成，以综合平衡协调能力为主　幼儿24个月前处于掌握人生最初的、起码的、基本的动作阶段。19~24个月，幼儿动作发育加快，最初的基本的移位、操作性、稳定性动作均已经发育完成。这个时期的幼儿不仅走路自如，还能独自上下楼梯，开始会跑、攀爬、踢球、扔球，能控制自如，不会跌倒，能站在低的平衡木上。

2.双手逐渐学习使用工具　使用工具是人类特有的智慧和特征，18个月左右的幼儿已经能按照物品的特性进行使用，如把东西塞进小盒子里面，用小杯子装东西，拿起画笔随意图画，把一个塑料套筒叠放在另一个上面等。18个月以后，他们的双手更加灵活，控制能力更好，逐渐开始学习使用工具，如尝试用小勺子吃饭、用杯子喝水（图3-1）。

图3-1　幼儿用勺子吃饭

24个月左右，应该有意识地培养幼儿使用工具的能力，如自己拿杯子喝水、用小夹子夹东西、用筷子吃饭等。在托儿所，19~24个月的幼儿能够自己吃饭，可是在家很多幼儿却不能，这说明幼儿到这个年龄有这样的动作能力，会与不会关键在于成人的引导。

（二）19~24个月幼儿动作发育水平

19~24个月幼儿动作发育水平如表3-4所示。

表3-4　19～24个月幼儿动作发育水平

年龄	发育水平
19~21个月	（1）倒退走：会自如地向前、向后走
	（2）按方位扔球、踢球：能把球扔给爸爸或妈妈，能踢大球，会把双手举过头顶扔球
	（3）套杯子：能完成3~5个杯子按大小顺序套叠
	（4）画线：能控制手部朝一定方向运动，能画出一条线
22~24个月	（1）跑：能跑3~4 m，但还不能灵活控制身体的速度
	（2）走：可以跨过障碍物走，踮脚走路
	（3）手眼协调动作：手眼能够配合，完成更复杂的动作，如能把水从瓶子里倒到碗里

六、25~30个月幼儿动作的发育

（一）25~30个月幼儿动作发育特点

1. 行走动作和手部精细动作基本发育成熟 25~30个月的幼儿行走动作和手部精细动作基本发育成熟，不但学会了自由地行走、跑、跳、攀登台阶等动作，动作的运动技巧和难度也有了进一步的发育；手的精细动作也有了很大的进展，能够比较灵活地使用物体，如握笔、搭积木、自己拿勺子吃饭，甚至学会了使用筷子等。

2. 基本动作技能开始形成 动作技能是一种协调运动的能力，是人们利用一组动作去完成一项具体任务或解决一个问题时所表现的活动能力。

24个月以后，幼儿动作开始变得更加综合，其技巧性开始表现出来，形成了一定的动作技能。他们可以双手端着东西来回走动、会在草地上踢球、会搭积木、会用勺子吃饭、会自己喝水等。到30个月左右，幼儿的基本动作发育比较好，形成了相应的动作技能，可以更自主地从事各种活动，这也为生活自理能力的发育奠定了基础。这一时期形成的动作技能主要服务于日常生活及游戏。

（二）25~30个月幼儿动作发育水平

25~30个月幼儿动作发育水平如表3-5所示。

表3-5　25~30个月幼儿动作发育水平

年龄	发育水平
25~27个月	（1）骑摇马：会自己上下有一定高度的物体，会自己摇木马
	（2）踢球：能后退、侧走和奔跑，能接住滚过来的球，并把球踢进球门
	（3）拼图：会把打乱的图片正确拼在一起
	（4）解、系扣子：会自己把扣子解开，经过锻炼可以自己系扣子
28~30个月	（1）钻爬能力：会钻比自己矮的洞，能手脚并用地往上爬攀爬架
	（2）推拉能力：能够推拉箱子，对物体有一定的控制能力
	（3）搭积木：能搭出多种形状的积木，会用积木搭桥、火车等简单的物体
	（4）彩泥游戏：能用彩泥做出条状、圆状等简单的物体

七、31~36个月幼儿动作的发育

（一）31~36个月幼儿动作发育特点

1. 动作技能发育更全面、更成熟 这个阶段，幼儿动作发育更全面、更成熟，31个月

左右的幼儿基本上掌握了跳、跑、攀爬等复杂的动作，能进行需要简单技能的动作，如走平衡木（图3-2）、骑小三轮车等。在31~36个月这个阶段，幼儿的动作技能进一步发育完善，36个月左右时能较好地控制身体的平衡，会跳跃、会独脚跳、能双脚交替一步一级下楼梯，会跳远、攀高爬低，动作相当灵活。这个时期的幼儿尽管具备了一些基本的动作能力，但还要学习一些复杂的动作和带有技巧性的动作，如跳、跑与平衡的能力。

32~33个月是幼儿单脚跳跃能力发育的关键期。在这个时期，幼儿已能单脚跳，开始学习在运动中发挥自己的力量和保持平衡，这是幼儿平衡能力发育的又一个里程碑；同时也是幼儿身体协调和双腿力量发育的重要时期。

图3-2 走平衡木

2. 手部精细动作的进一步发育 这个时期的幼儿对手指的控制能力进一步增强，会边角相对，折叠长方形、正方形的纸，能系扣子、解扣子，能画圆形和交叉线，会用勺子，向杯中倒水时能控制流量，还能够完成简单的拼图。动作能力的增强为幼儿进一步迈向独立性打下了良好的基础，家长要注意采取各种方式锻炼幼儿手指的灵活性，玩橡皮泥、搭积木都是很好的锻炼方式。

（二）31~36个月幼儿动作发育水平

31~36个月幼儿动作发育水平如表3-6所示。

表3-6 31 ~ 36个月幼儿动作发育水平

年龄	发育水平
31~33个月	（1）远距离扔球：能将球扔出2~3m远，把球扔到指定位置
	（2）单脚站立：能单脚站5~10秒，能手脚基本协调地攀登
	（3）体操：能随口令做简单的体操
34~36个月	（1）跳高：双脚跳能达到一定的高度，能连续跳跃
	（2）手部精细动作：能用积木搭成较为形象的物体，能画图形等

第二节 婴幼儿动作活动设计

一、婴幼儿动作活动设计的原则

（一）适宜性

适宜性是指设计动作活动时要根据婴幼儿的年龄特点和发育水平，确定符合他们发育需要的活动目标。适宜的目标应是既高于婴幼儿现实发育，又是经过努力能够达到的水平；既考虑婴幼儿某一方面发育的需要，又着眼于婴幼儿整体发育的需要；既要考虑婴幼儿群体的水平，又兼顾他们之间的差异。因此，动作活动的目标不要定得太大太空，一定要符合婴幼儿发育的需要，具有指导性和可操作性。例如，7~9个月的婴儿不可能去走、跳、跑，可以多设计一些爬的活动，根据下一阶段发育，9个月时适当加入站的活动。

（二）适度性

适度性是指选择动作活动的内容要科学适度。由于婴幼儿年龄小，活动要注意动静交替，集体活动与分散活动相结合，时间不宜过长，集体活动中可以穿插一些自由放松的活动。一个活动可以多次重复，但活动量要适当，根据家长和婴幼儿的具体情况适当注意调整活动内容和活动节奏。既要防止过度疲劳，又要避免运动量不够；既要防止内容单一、形式单调，又要防止花样繁多、任务过重。

（三）综合性

综合性原则是指动作活动的设计要考虑婴幼儿动作、语言、社会性、情感、认知等各个方面的整体发育。

婴幼儿的发育不是单纯智力的发育，而是多元的、全方位的、综合的发育，各个方面的发育交相辉映，相互促进，相互影响。例如，粗大和精细动作的发育影响婴幼儿探索外部世界的能力，继而影响认知、语言等的发育；情绪情感的发育直接影响社会性的发育。因此，在设计活动时，虽然每个活动的内容是有针对性和侧重点的，但要考虑在活动实施过程中如何挖掘活动的多方面价值，有意识地渗透语言、认知、情感与社会性等方面的丰富刺激和积极影响，把婴幼儿各个方面的发育当作一个整体，在活动中各个方面整体、和谐发育。

案例分析

亲子园每月为当月过生日的婴幼儿开展生日会亲子活动，大家围坐成一圈，老师组织一些有趣的活动：第一，看看、说说小画布下今天是谁过生日，数一数一共有几个宝宝过生日；第二，为生日婴幼儿装扮、点蜡烛，学唱生日歌；第三，品尝生日点心，制作生日礼物。

分析：老师设计的生日会亲子活动较好地体现了整体性原则，它包含了认知、情感、社会交往、创造性活动等。“看看、说说小画布……”发展婴幼儿的观察力和语言能力；“数一数”发展婴幼儿的数数能力；“为婴幼儿装扮”发展婴幼儿的动手能力、艺术表现力和创造力；“点蜡烛”发展婴幼儿精细动作能力。此外，这也是一个情感丰富的活动。

（四）游戏化

游戏化是指把婴幼儿动作活动的目标、内容、要求融入各种游戏中，让婴幼儿从中感知、积累有关动作的经验。它的实质是要让婴幼儿成为学习的主体和发育的主体。游戏是婴幼儿喜闻乐见的一种娱乐方式，如果把动作发育结合到游戏中，就能够有效地激发婴幼儿参与活动的热情，从而提高活动质量。但值得注意的是，老师在运用以游戏激发兴趣的策略时，所选用的游戏应该适合婴幼儿的年龄特点。

（五）灵活性

灵活性原则是指动作活动的设计要灵活考虑多方因素，灵活处理各种问题，使活动的开展符合实际需求。

动作活动作为一种教育活动，不像工厂生产产品的活动，产品生产活动有着严格的程序要求和刻板的重复，而服务于婴幼儿和家长的活动却需要富有变化，要灵活安排活动内容、活动程序、活动时间、活动地点等。设计动作活动时，预先安排的活动内容要根据婴幼儿当下的发育状态有所变化，活动的组织方式应根据实际需求有所变化。动作活动不受时间和地点的限制，可以根据季节、天气的不同，灵活安排在室内或室外，可以根据理念的不同安排在园内或园外，根据婴幼儿年龄的不同确定活动时间的长短。

案例分析

托大班户外动作活动“赶小猪”

为了锻炼身体，增强体质，进行日光浴，我们设计了“赶小猪”的户外动作活动。考虑到幼儿的年龄特点，我们特地设计了用奶粉罐子做的、能发声音的“小猪”，以吸引他们的活动兴趣。可是在活动中，我们发现大多数幼儿一开始虽然能被我们设计的活动所吸引，但由于受到年龄特点的限制，他们大都只能做些很简单的动作，如用手推、用脚踢“小猪”，即使能用老师提供的小棒赶“小猪”，活动持续的时间也很短，自主活动的兴趣不高。

鉴于此，我们对这个活动进行了调整：

第一，我们经常发现幼儿对骑小车特别感兴趣，所以用纸箱做了一些小拖车，让他们选择喜欢的“小猪”，然后用小拖车带着它们出去玩。

第二，设计一个“小猪的家”，让幼儿用不同的方法送“小猪”回家。

第三，这一年龄段的幼儿由于受动作发育特点的制约，还不太会使用小棒，所以我们又特地在小棒的前面加了一个小瓶子，把小棒变成了“高尔夫球棒”，这样小棒接触“小猪”的面积就变大了，也有利于幼儿赶“小猪”回家。

分析：这是一个户外自由分散的动作活动，活动的设计和推进能根据幼儿的现状进行及时调整。活动缺乏趣味性，幼儿兴趣不高，老师继续投放材料，创设情境，增加活动的乐趣。幼儿动作发育水平有限，为了协助其成功地开展活动，老师改进了原有的活动材料，把小棒变成了“高尔夫球棒”。这些都是动作活动灵活性原则的体现。

（六）生活性原则

生活性原则是指动作活动的设计要与婴幼儿的生活密切结合，活动既源于婴幼儿的生活，又为其生活服务。婴幼儿的成长、学习与发育在生活中进行，生活是其学习和发育的源泉和舞台，婴幼儿的学习和发育更主要是为其展开生活服务的，他们由需要大人抱着到行走自如，由成人喂饭到自己动手吃饭，由不会穿衣袜到自己尝试……婴幼儿的教养与生活环境始终是联系在一起而不可分割的，婴幼儿正是在这些关系中得到了发育。所以，动作活动的设计要充分体现“生活性原则”。

二、婴幼儿动作活动的设计步骤

（一）确定活动目标

婴幼儿活动目标应包括情感目标、技能目标和认知目标三方面（表3–7）。活动目标的确定应注意以下两个方面。首先，活动目标应具体、明确、便于操作。不能太笼统、太抽象，以免在操作过程中及检查活动效果时产生困难。其次，活动目标表述中应突出重点。

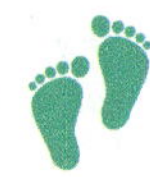

每一个动作活动都有可能促进幼儿多方面的发育，我们只需要选择其中能代表知识和能力发育重点的一两个最重要的方面，在目标中加以表述，避免主次不分。

表3-7　婴幼儿动作活动目标描述示例

活动目标	具体内容
情感目标	在……活动中，经常保持愉快的情绪，形成安全感、信赖感；体验参与……游戏的乐趣，形成坚强、勇敢、不怕困难等品质；乐于参加……活动，感受与同伴合作玩……的乐趣等
技能目标	能够进行……；在……活动中能够……动作协调、灵活；在……中，提高平衡能力；通过……活动，提高适应环境的能力；在……活动中，增强自我保护的能力等
认知目标	了解有关……的基本动作要领；掌握有关……动作活动的相关知识；明白进行……合作游戏的重要性等；了解……的特点、性质，探索……玩法

（二）选择活动内容

婴幼儿动作活动的内容主要包括粗大动作的发育、精细动作的发育和动作技能的发育。粗大动作是指活动幅度较大的动作，也是大肌肉群的动作，包括抬头、翻身、坐、爬、走、跑、跳、踢等。大肌肉群动作常常伴随强有力的大肌肉的收缩和全身运动神经的活动，以及肌肉活动的能量消耗。精细动作是指小肌肉群动作，如吃、穿、画画、剪纸、搭积木、翻书、穿珠子等。动作技能则是综合协调一系列实际动作的能力。婴幼儿动作发育主要先从粗大动作开始，而后才学会比较精细的动作。

婴幼儿动作活动内容的选择要遵循身体动作发育的特点。例如， 7~12个月时，大动作能力发育最迅速，学坐、学爬、学站、学走基本是在这个阶段发生的。因此我们在选择活动内容时，要结合这个阶段动作发育的特点，由易到难，由简单到复杂，层层推进，逐步深化。

课程思政

“老师，快看我擦得干不干净？”托小班的孩子们在老师的带领下，干劲十足地擦着桌椅，一双双小手拿着抹布干得有模有样。“劳动最光荣”“自己的事情自己做”在这里体现得淋漓尽致。

为了锻炼学生们精细动作能力，同时将立德树人的思政观念传递给学生，托小班的老师们将热爱劳动的观念与动作活动相结合，在锻炼孩子们精细动作的过程中培养孩子们爱劳动的意识及成就感。

（三）设计活动过程

活动过程一般包括导入部分、基本部分和结束部分。

1. 导入部分　导入主要是调动幼儿已有经验，激发幼儿活动的兴趣，因此导入的情景性、趣味性非常重要。

（1）导入任务：组织集中幼儿的注意力，使婴幼儿明确活动的内容和要求，激发他们参与活动的兴趣；通过身体活动，克服各器官、组织的惰性，提高活动能力，发育主要肌群；根据基本部分的内容，做一些有针对性的准备活动，为下面的活动做好适应性准备。

（2）导入内容：一般向幼儿说明活动的要求和主要内容，做一些基本体操或模仿活动；开展一些运动负荷不大，有利于发展幼儿体能动作的游戏，也可进行一些简单的舞蹈和律动等。

2. 基本部分　幼儿活动基本内容如表3-8所示。

表3-8　幼儿活动基本内容

环节	动作练习	动作游戏
整体感知	幼儿感知动作并自主尝试做动作，老师观察	老师出示游戏材料，幼儿自发探索游戏玩法
深入理解	幼儿学习动作，老师指导： （1）老师讲解并示范动作 （2）幼儿多种方式（集体、小组）展示动作，老师重点纠正动作	（1）幼儿初步体验游戏，老师指导 （2）幼儿交流游戏玩法，老师总结 （3）老师示范一种或者两种游戏玩法，并指导幼儿初步进行游戏练习
巩固环节	老师组织游戏巩固动作，巩固技能： （1）老师介绍游戏规则和注意事项 （2）婴幼儿多种方式（小组竞赛、集体合作等）进行增加难度的游戏，老师指导	老师增加游戏难度，巩固游戏技能： （1）分组进行初步的游戏比赛 （2）增加游戏的难度，巩固动作技能

3. 结束部分

（1）任务：结束部分的任务包括降低幼儿大脑的兴奋性，使幼儿的身体由运动的紧张状态逐渐恢复到相对安静状态，放松肢体，合理地小结评价，有组织地结束活动，收拾和整理器材。

（2）内容：结束部分的内容主要有轻松自然地走步，徒手放松练习；简单、轻松的活动或舞蹈、较安静的游戏等。

（四）编制活动方案

编制活动方案是动作活动设计的最后一环，是形成系统活动方案的最后一步。活动方案主要包括活动名称、活动目标、活动重难点、活动准备、活动过程、活动延伸等六个部分，这六个部分要相互呼应、形成体系。

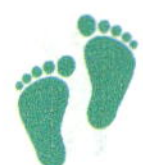

幼儿大动作活动示例

巧玩报纸

一、活动目标

1.情感目标　萌发共同参与动作游戏的兴趣，感受玩报纸游戏的快乐。

2.技能目标　能够使用跑、跳、钻等动作进行报纸游戏，提高动作的协调性、灵活性。

3.认知目标　初步感知报纸的多种玩法，了解跑、跳、钻等动作要领。

二、活动重难点

1.活动重点　了解旧报纸的多种游戏玩法，提高跑、跳、钻等能力。

2.活动难点　感受与同伴合作游戏的快乐。

三、活动准备

1.物质准备　剪好的报纸若干份、盛有旧报纸的筐子4个、舒缓的音乐。

2.经验准备　幼儿学习过跳、正面钻等技能。

四、活动过程

（一）导入部分

1.活动热身　老师带领幼儿做简单的热身运动：拍拍你的小腿，捏捏你的大腿，踢踢你的脚。甩甩你的左手，甩甩你的右手，摇摇你的头。

2.谜语导入，引出活动道具　老师给幼儿提出谜语：“神奇一张纸，多彩又神奇，要知天下事，它都告诉你。”请幼儿动脑思考，猜测谜底（报纸），以激发其参与活动的兴趣。

（二）展开部分

1.探索报纸玩法　老师出示报纸，鼓励幼儿创造性地自由玩报纸，引导幼儿探索并讨论报纸的多种玩法。

老师：报纸不仅可以让我们知道天下事，旧报纸还能够用来玩很多的游戏，小朋友们现在开动脑筋，想一想旧报纸可以玩什么游戏呢?

小结：老师总结报纸的多种玩法。例如，可以把报纸团成纸团做投掷游戏，可以把报纸摆在地上练习跳远，单脚或双脚在报纸上跳，跨过报纸练跳远等。

2.幼儿展示报纸玩法并练习，老师指导　老师请幼儿将自己探索的报纸多种玩法在集体面前进行展示，指导幼儿的具体动作。

（1）吸纸跑：幼儿在起跑线上将报纸贴在胸前，听到信号后快速跑到终点线，以速度快、报纸没掉下来的幼儿为胜。

（2）练习跳远：将大报纸对半折后平铺在地，请练得好的幼儿示范，可随意调节距离，婴幼儿分散练习，老师鼓励能力强的婴幼儿尽量跳得远些。

（3）练习钻“山洞”：指导部分幼儿把大报纸连起来高举过头，变成一座“山洞”，其余幼儿玩钻“山洞”的游戏。

3.幼儿玩报纸游戏，巩固技能

（1）老师适当总结报纸的几种玩法，创设青蛙过河游戏。

（2）游戏规则：创设青蛙过河的情境，将铺设的报纸当作“荷叶”（图3-3）。将所有幼儿随机分为两组，以“接力赛”的形式，让每组幼儿通过传递“报纸球”的方式来轮流跳荷叶过河，看哪一组最先完成“接力任务”。

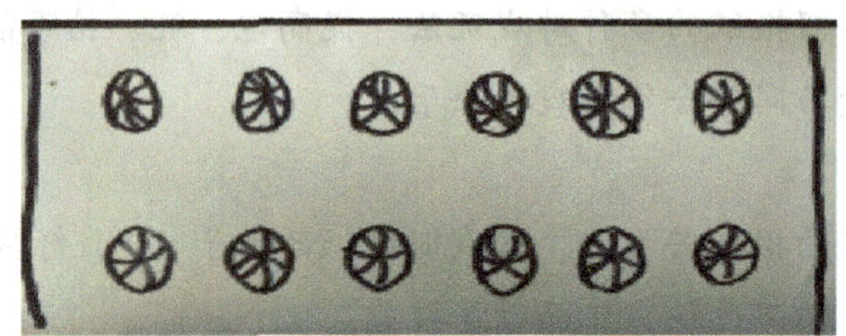

图3-3 荷叶

（3）注意事项：

1）必须按规定的动作跳（双脚连续向前跳跃）。

2）脚必须踩在“荷叶”上。

3）发令后才能开始起跳，后续起跳的“青蛙”必须在同组的“青蛙”过河后才能跳。

4）若未遵守规则，则“小青蛙”需返回队伍末端继续游戏。

（三）结束部分

放松活动：老师播放优美的音乐，幼儿两两合作，跳舒缓放松的交谊舞结束活动。

五、活动延伸

幼儿在活动区自由尝试报纸的更多玩法。

拓展活动

动作游戏“绕大树”

一、游戏方法介绍

把幼儿平均分成两组，分别面向“大树”（积木）站齐，听到老师发出的信号后，每组第一位幼儿出发跑向大树，在穿插绕过大树到达终点线后返回，然后

反方向穿插绕过大树，再快速跑回，跑回起点的幼儿必须与前面的幼儿双手击打后，队伍前的幼儿才能出发继续玩游戏。最先完成任务的小组为胜利者。

二、基本要求

模拟组织幼儿玩“绕大树”游戏。动作和语言相互配合，能清楚交代游戏规则与要求。

三、思考下列问题

（1）这个游戏能促进幼儿哪些方面的发育？

（2）如果幼儿在游戏时遇到困难，你会用什么办法帮助幼儿？

讨论与思考

今天的挑战活动老师安排了“救小鸟”的主题活动。老师事先设置了一系列的障碍，如爬竹梯、过小河（走梅花桩）、爬山坡（平衡板）、过山洞（钻爬）等，最后救得小鸟完成任务。孩子们看到这个场景个个异常兴奋，跃跃欲试。胆大的孩子冲在前面，胆小的跟在后面。陈云在竹梯面前停了下来，他看了看，用脚踩了一下竹梯试了试，感觉有些犹豫。后面的孩子不停地催促他：“你快一点呀。”陈云在同伴的催促下只得鼓足勇气前进。在竹梯上的他战战兢兢，每走一步都要回头看一下。别的孩子都是手脚一起前进，可他几乎是横着前进的。也许是因为后面同伴的催促，也许是太紧张，陈云在爬到一半的时候一脚踩空从梯子上滑了下来，尽管没有受伤，他却再也不肯继续活动了。

对于不敢尝试冒险活动的小朋友，老师该如何引导？

扫码看同步练习

第四章
婴幼儿认知活动设计与指导

学习目标

1. 掌握婴幼儿感知觉发育特点，熟悉婴幼儿记忆思维发育特点。

2. 根据不同时期婴幼儿发育特点，进行相应感知觉、记忆、思维活动设计与指导。

3. 了解婴幼儿发育过程中的基本规律，在各项活动中促进婴幼儿各方面综合发育，尊重婴幼儿发育自然规律，营造适合婴幼儿发育的良好环境。

情景导入

一个名叫贝蒂的小男孩有一只十分奇怪的眼睛。说“十分奇怪”，是因为眼科大夫多次会诊得出的结论都相同：从生理上看，这是一只完全正常的眼睛，但它却是失明的。一只完全正常的眼睛何以失明了呢？

原来，当小贝蒂呱呱坠地时，这只眼睛因轻度感染被绷带缠了两周。正是这种对常人来说几乎没有副作用的治疗，对刚刚出生、大脑正处于发育关键期的婴儿贝蒂造成了极大的伤害。由于长时间无法通过这只眼睛接受任何外界信息，原先该为这只眼工作的大脑神经组织随之衰退了。

小贝蒂的遭遇并非偶然。后来研究人员在动物身上做了很多类似的实验，结果都一样——生命的器官严格执行着“用进废退”的原则。

请思考：婴儿期视觉发育的特点有哪些？

第一节　婴幼儿认知发育特点

人的认知大体分为三个范畴，也就是三种基本认知过程或三种认知成分。首先是感知，这是认知的起点；如果没有对对象的感知，认知活动就无从谈起。感知是由客观物质的刺激所直接引起的，所以感知是直接的认知。其次是表象，这是头脑里呈现的对于感知过的事物的一种映象，但却不局限于直接感知的某一特定事物，所以，它既具有形象性的

特征，又具有一定的概括性。再次是概念，这是对客观事物的概括和抽象，它在不同程度上反映客观事物的本质的属性。表象与概念都是在感知的基础上获得的，不是客观事物所直接给予的，所以就它们同客观事物的关系来说，可以叫作间接的认知。人的实际的种种认知，都由这三者所组成，或者是对它们的操作，但表现为种种错综复杂的形式与水平。

儿童认知是一个逐步发育的过程。认知发育的基本趋向：①认知发育由近及远。②儿童认知客观事物是由某一局部到整体、由片面到比较全面。③儿童最初只是认识事物的表面现象，以后才随着年龄的增长，认识事物内在的本质属性。④儿童认识一个事物，并不是一蹴而就的，而是从最初的认识到比较完全的认识，是要经历多种水平或者阶段，由浅入深。

一、感知觉的发育

感知觉是个体认知发育中最早发生，也是最早成熟的心理过程，是婴儿认识的开端。他们通过感知觉获取周围环境的信息并以此适应周围环境。婴儿感知觉的发育不是被动的过程，而是主动的、有选择性的心理过程。

（一）视觉的发育

人对周围环境的信息大多数是通过视觉系统获得的。视觉主要是对物体所展现的复杂信息的察觉和辨认。眼睛察觉和辨认刺激物需要具备一定的视觉技能，主要有视觉集中、视觉追踪运动、颜色视觉、对光的察觉和视敏度。视觉形成的过程见图4–1。

1. 视觉集中　研究发现，出生后3周婴儿的视线开始集中到物体上，理想的视焦点是距眼睛约26 cm处——哺乳时母亲的脸与婴儿眼睛的适宜距离。

2. 视觉追踪　出生12 ~ 48小时的新生儿中有3／4可以追视移动的红环。

3. 颜色视觉　出生后15天就具有颜色辨别能力，3 ~ 4个月的婴儿颜色辨别能力基本上趋近成熟水平。

4. 对光的察觉　出生后24 ~ 96小时的新生儿就能察觉光的闪烁。

5. 视敏度　在出生后24小时只有成人的13%，其后开始稳定发育。有的研究认为视敏度发育最快的时期是7岁，也有人发现在10岁以前视敏度仍有发育。

总之，婴儿出生后数周或数月内探索世界的视觉手段已经有了明显的发育。

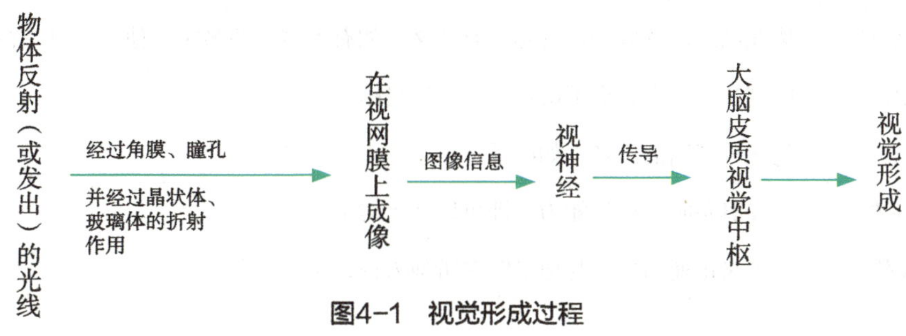

图4–1　视觉形成过程

（二）听觉的发育

听觉是婴儿从外部环境获取信息，认识和适应环境的重要手段。婴儿的听觉发育包括听觉辨别能力、语音感知、音乐感知和视听协调能力等。

1. 听觉辨别能力 出生第一天婴儿已有听觉反应，就能区别不同的音高。低音容易引起明确而一致的反应，而高音则多引起惊跳反应。婴儿对声音的反应主要有三种表现，即感受抚慰、警觉、痛苦。

2. 语音感知 婴儿对人的语音的感知能力十分敏感，对母亲的声音尤为偏爱。出生几天的婴儿在听到母亲声音时，吮吸活动加速。

3. 音乐感知 婴儿偏爱轻松优美的音乐曲调。6个月以前的婴儿已经能够辨别音乐的旋律和曲调，6个月左右会出现表达愉快的身体动作，1岁左右可表现出伴随音乐节拍的身体动作。

4. 视听协调能力 初生婴儿就有听觉定位能力，表现出视–听协调活动能力。新生婴儿几乎都能将头转向声源，即根据听觉方向进行视觉定位；当声音刺激和视觉刺激来源于不同方向时，婴儿多倾向于注视声音刺激来源的方向；当声、像刺激来源方向一致，婴儿的注视时间会更长。这表明婴儿视听协调能力已发育到能使他辨别视、听信息是否一致的水平。

拓展活动

听觉发育的一般规律

时期	发育规律
新生儿期	刚出生的婴儿听力比较弱，只能对50~60dB的声音刺激做出反应
1个月	婴儿如果突然听到声音，眼睛会睁开，并且开始哭泣
2个月	婴儿如果被某些声音吵醒，眼睛会自然睁开；如果被较大的声音吵醒，受到惊吓会开始哭泣
3~4个月	婴儿已经能够辨别声音，听到优美的音乐会很高兴
5~6个月	婴儿的颈和眼珠转动变得更加灵活，会扭头主动寻找声音的来源，与他讲话时会把头转过来注视说话的人
7~8个月	婴儿对声音的反应更加明显，偶尔还会根据他听到的人声模仿发音
9~10个月	婴儿已经能够区分声音是否有意义，如有人喊他的名字，他会知道是在叫自己
11~12个月	听到快乐的声音会不由自主地手舞足蹈
18个月	能区分不同的声音，如电话声、水壶声、门铃声等
2岁左右	已经具备听觉记忆能力，即可以和人对话
3~4岁	词汇量迅速增加，与他平时多听他人说话密不可分

（三）味觉、嗅觉和触觉的发育

1.味觉的发育　味觉是选择食物的重要手段，是新生儿出生时最发达的感觉。新生儿能以面部表情和身体活动等方式对甜、酸、苦、咸四种基本味道做出反应。这表明他们已具有了辨别能力。

2.嗅觉的发育　嗅觉功能在出生24小时就有表现，并能形成嗅觉的习惯化和嗅觉适应。出生一周能够辨别不同气味，且表现出对母体气味的偏爱。人的嗅觉改善延续至成年，到老年又衰退。人的嗅觉敏感性个别差异很大。

3.触觉的发育　新生儿的触觉敏感性和触觉分化发育迅速。刚一出生就有温觉反应，而调节体温的能力是新生儿适应环境的一个关键。婴儿早期就有痛觉反应，但比较微弱和迟钝。

（四）空间知觉的发育

婴儿知觉发育表现为各种分析器的协调活动，共同参加对复合刺激的分析和综合。

1.形状知觉　通过习惯化研究发现，3个月的婴儿已有分辨简单形状的能力。形状知觉研究还表明，幼小婴儿就具有模式化的、有组织的视觉世界。他们偏爱一定程度的复杂的世界、信息量多的图形和对他们具有社会性意义的某些形状，不喜欢没有图案的模式。

2.深度知觉　吉布森（Gibson）等通过视崖试验发现，6个月的婴儿就已经具有深度知觉。有人发现2～3个月婴儿能够把视崖作为新异刺激物来辨认。

儿童方位知觉的发育顺序为先上下，次前后，再左右。通常，3岁能辨别上下，4岁能辨别前后，5岁能以自身为中心辨别左右，7～8岁能以客体为中心辨别左右。方位知觉个别差异很大，有的人一生方位知觉都不清楚。

婴儿期是个体感知觉发育的最重要时期，也是感知觉发育最迅速的时期，更是对儿童感知能力发育的干预和训练的最宝贵时期。

二、记忆的发育

出生到3个月婴儿的记忆：这个时期婴儿具有日益增长的保持能力。新生儿末期经反复训练建立起的眨眼条件反射可保持10天之久；2～3个月的婴儿建立起的记忆可保持30天之久。

3～6个月婴儿的记忆：这一时期婴儿的长时记忆能力有很大的发育，他们学习和掌握的知识和技能可保持数天或数周。

6～12个月婴儿的记忆：这个时期婴儿长时记忆保持时期继续延长。出现“认生”现象，寻找物体的能力增强，出现了大量的模仿动作。这都说明长时记忆的发育，不能离开动作在动作之外思考，只能反映动作所触及的事物。

幼儿记忆的发育可以分短时记忆和长时记忆两个方面。短时记忆以记忆容量（记忆广度）来说明，长时记忆则可从以下三种发育趋势来说明。

1. 幼儿记忆发育趋势 据研究资料调查，幼儿短时记忆容量的发育趋势是先快后慢。

（1）无意识记与有意识记：无意识记占主导地位，有意识记较为薄弱；无意识记和有意识记都随年龄而增长；有意识记发育的速度更为明显。

（2）机械记忆与意义记忆：幼儿容易运用机械记忆的方法，意义记忆具有明显的优越性。两种记忆均随年龄而增长，两种记忆相互联系。

（3）形象记忆与词语记忆：幼儿期以形象记忆占主要地位，词语记忆薄弱。两种记忆效果都随年龄增长而提高，词语记忆的发育速度高于形象记忆。

2. 记忆策略形成

（1）记忆策略的发育：儿童对所要记忆的材料进行组织和加工的能力直接关系到记忆的效果。记忆策略是人们为了有效地记忆而对输入信息采取有助于记忆的手段和方法。儿童运用记忆策略经历从无到有的发育过程可分为三个阶段：一是没有策略，多为5岁以前的儿童；二是过渡阶段，一般为5~7岁儿童，其特点是自己不能主动运用策略，但经过诱导可以运用；三是能主动而自觉地采用策略，10岁以后记忆策略稳定发育。

（2）幼儿能运用的记忆策略：视觉复述策略，即不断地注视目标刺激，以加强记忆；特征定位策略，即“捕捉”突出特征，以便于记忆；复述策略，即不断重复需要记忆的内容（图4–2）。

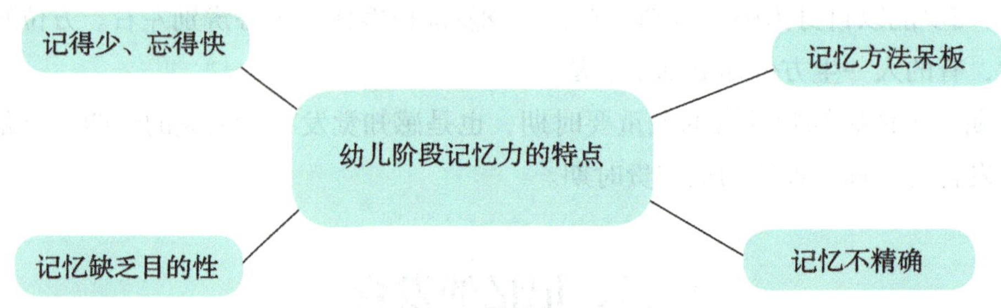

图4–2　幼儿阶段的记忆特点

三、思维的发育

按照皮亚杰的理论，幼儿期的思维处于前运算阶段。幼儿思维的主要特点是具体形象思维为主，思维的抽象概括性得到初步发育。具体形象思维是指幼儿的思维活动主要依赖具体事物的表象及表集之间的相互联系。在幼儿期，儿童生活和活动范围扩大，经验开始增长，词汇量急速增加，言语理解和表达能力以及与人交往能力等都迅速发展起来，这促

使幼儿的思维由直接行动思维向间接形式过渡，转化为具体形象思维。

（一）具体形象思维的主要特点

1. 具体形象性幼儿思维的特点 感知行动内化为表象，原有思维中的各种感知与行动被简化、被压缩，而内化为头脑中的表象，通过表象之间的联系、运演进行思维活动；思维所反映的内容属于事物的外部特征和非本质联系。

2. 不清晰性和易变性 幼儿的认识水平基本处于了解事物的鲜明特点、表面现象和外部联系的阶段，因此往往具有不清晰、不确切、缺乏连续性和易变性的特点。这是思维反映事物的外部特征和非本质联系的特点。

3. 具有符号功能 运用形象符号的能力和言语在思维中的调节作用是衡量幼儿思维发育的主要标志。幼儿符号能力的形成要经历一个从无到有的过程。以使用图形符号为例，两三岁的幼儿绘画使用的符号是象征性的，只具有个体信号性的意义，他人不容易读懂。从四五岁开始，绘画中就出现了具有一般性意义的符号，如蝌蚪、人、树、太阳等，这些符号是约定俗成的普遍标志，是具有与人们交往的性质的，所以可称为符号。它们的出现标志着儿童的思维具有了符号功能。这些符号是用词标志的，是可以通过言语调节的，他人都可以读懂的。

4. 有一定的计划性和预见性 由于思维具有了一定的词的概括性和言语的调节性，他们便可以思考不在眼前的事物，思考过去的经验，联想有关的形象，从而能计划自己的行动，预见行为的结果，解决面临的问题。这就是思维的计划性和预见性。

（二）抽象逻辑思维获得初步发育

随着年龄的增长和知识欲求的发育，幼儿不再满足于对事物的表面关系和形象联系的认识水平，他们开始追求对事物的内在关联和本质特征的认识。这势必促使思维的具体形象性中萌发出抽象逻辑性。幼儿抽象思维的初步发育主要表现在提问类型的变化和概念形成的特点上。

1. 幼儿提问类型的变化 提问类型的变化表现在从提问“是什么”的模式向提问“为什么”的模式变化。幼儿的探索精神和求知欲高涨，好奇心强，他们经常不厌其烦地向成人提出各种问题。以“……是什么”为主的提问反映的是他们的求知水平局限在追求个别事物的特点上。四五岁儿童的提问类型就变成以“为什么”为主。这与儿童所渴望理解的内容、儿童的思维发育相适应。大量的“为什么”说明儿童对客观世界的了解欲望开始指向事物的内在道理、现象的本质特征和事物之间联系的规律性。

2. 幼儿概括能力的发育 概括能力的发育是概念的发育和概括水平发育的反映。国内外许多研究表明，幼儿末期开始能按事物的本质特征掌握概念，如动物、水果等。幼儿掌握概念直接受概括水平所制约。幼儿的概念水平属于形象概括水平，从幼儿末期开始出现本质抽象水平的概括（出现率约为50%），此后抽象概括能力得以迅速发育，掌握概念的本质特征能力也开始发育。研究也表明，5～6岁儿童已经开始具有某种推理能力。幼儿的抽象逻辑思维处于萌芽状态，只能说在幼儿后期抽象逻辑思维获得初步发育。

第二节　婴幼儿感知觉活动设计与指导

知识链接

我愿我能在我孩子自己世界的中心，占一角清净地。

我知道有星星同他说话，天空也在他面前垂下，用它傻傻的云朵和彩虹来娱悦他。

那些大家以为他是哑巴的人，那些看去像是永不会走动的人，都带来了他们的故事，捧了满装着五颜六色的玩具的盘子，匍匐地来到他的窗前。

——摘自《孩子的世界》泰戈尔

一、视知觉活动设计与指导

视知觉需要把眼睛看到的信息传递到大脑，再根据脑部的触觉、听觉、嗅觉与味觉等区域反馈回来的信息，深度了解图像，如辨识图像形状、视觉记忆等。为了应对繁杂的“工作”，视知觉拥有不同的能力，主要包括视觉敏感度（视力）、视觉辨别能力、视觉记忆能力、视动统合能力、视觉空间知觉能力、视觉专注能力、视觉广度、视听协调能力等。

【活动 1】

黑白图片

1.适宜年龄　0～3个月。

2.活动目的　促进视觉发育，有利于早期智力开发。

3.活动时间　10分钟。

4.活动过程　孩子出生后，准备几幅黑白图片，如同心圆、黑白方格、斜纹、波浪纹等，可用纸打印出来，挂在婴儿能看到的地方。

5.操作要点　新生儿看东西的距离只有20 cm左右，给新生儿看图片时距离要把握好。

6.训练协助　注意观察婴儿的反应，注意调整婴儿看图的姿势。

【活动2】

彩色组合图形

1.适宜年龄　5～10个月。

2.活动目的　训练婴儿对物体轮廓的分辨力。

3.活动时间　10分钟。

4.活动过程　打印若干张色彩鲜艳的图片及家长的照片，放到距离婴儿25 cm左右的地方，每张图片展示5～10秒，并且告诉婴儿这些图片的名称。

5.操作要点　每天呈现给婴儿的图片要不完全一样，以免婴儿疲倦，产生厌烦情绪。

【活动3】

找数字

1.适宜年龄　2～5岁。

2.活动目的　训练视觉观察能力和直觉注意力。

3.活动过程　准备写有1～100数字的卡片，将顺序打乱，摆放在地上或桌子上，让幼儿将打乱的数字卡片按照大小顺序摆好，或让他们从一堆数字中，挑选指定的数字。

4.操作要点　一开始可以只用其中的几张，如1～10，让幼儿练习；随着年龄增加，逐渐增多卡片数量。

5.训练协助　老师应给孩子规定一定的时间，以锻炼其视觉专注力。

【活动4】

搭积木

1.适宜年龄　2～4岁。

2. 活动目的　锻炼协调能力，发展视觉记忆力。

3. 活动时间　10～20分钟。

4. 活动过程　老师示范搭积木，如用长方体或圆柱体的积木搭一座“宝塔”，让幼儿也学着搭。然后推倒，让幼儿凭记忆找出搭“宝塔”所需的积木。

5.操作要点　在幼儿搭积木的过程中，不要打扰他，给他独立思考和完成任务的时间。

6.训练协助　如果幼儿不喜欢按照老师给的示例搭积木，可以让他们按照自己的意愿来玩。

【活动 5】

视觉专注训练

1.适宜年龄　3～8个月。

2.活动目的　提高注视能力和视觉专注力。

3.活动时间　10分钟。

4.活动过程　将小动物玩具、毛绒玩具、小铃铛等物品挂在婴儿上方，依次指给婴儿看，并告诉他物品的名称，可以让婴儿伸手碰一碰、摸一摸，建立从触觉到视觉的联系，促进视知觉的发育。

5.操作要点　绳子上的物品每隔几天要更换一次。

6.训练协助　不要一直将小物件挂在婴儿的上方，老师不在婴儿身边的时候要收起来。

【活动 6】

拍皮球

1.适宜年龄　1~3岁。

2.活动目的　锻炼肢体灵活性、手眼协调能力，促进肌肉发育。

3.活动时间　每周进行3~4次，每次5~10分钟。

4.活动过程　将球悬挂在较高的地方让幼儿跳起来反复击打。

5.操作要点　球的悬挂高度要根据幼儿的年龄和身高来确定，做到小一点的幼儿踮起脚尖就能够到，大一点的幼儿要跳一跳才能够到，还要教会幼儿控制用力程度。

6.训练协助　做得好时，不要忘了给予鼓励；做得不好时，也要加油鼓劲。

二、听知觉活动设计与指导

听知觉是在日常生活中一点一滴发育起来的，环境的塑造对于听知觉的培养具有重要的意义。首先为孩子提供丰富的声音环境，保持与孩子之间的交流。让孩子说出听到的信息，利用丰富的游戏对孩子进行训练。

【活动1】

拨浪鼓咚咚咚

1.适宜年龄　0～6个月。

2.活动目的　给婴儿提供丰富的声音刺激，促进听觉的发育。

3.活动时间　1～3分钟。

4.活动过程　婴儿醒着的时候，在其左右两侧交替轻摇拨浪鼓，让婴儿寻找声音。拨浪鼓也可换成摇铃、铃鼓、手鼓或其他自制的玩具等，如装着豆子的塑料瓶。

5.操作要点　不要距离耳朵太近，摇拨浪鼓也不宜太用力，以免损伤婴儿的听力。

6.训练协助　老师可以有节奏地摇动道具，增加婴儿的听觉刺激。当婴儿注视道具时，要告诉他这是什么，说完后再轻轻摇几下，让他建立名称和声音之间的联系，积累听觉记忆。

【活动2】

循声觅物

1.适宜年龄　4～6个月。

2.活动目的　建立听觉和视觉之间的联系，促进听知觉的发育。

3.活动时间　1～3分钟。

4.活动过程　在婴儿面前扔一个可以发出响声的物品到地上，他听到声音，便会低头去寻找。然后找几个类似的物品，再逐个扔到地上，婴儿便会知道这些物品掉到地上会发出声音。以后再听到这样的声音，就知道是东西掉了，会立即低头寻找。

5.操作要点　物品掉落的声音不宜太刺耳。

6.训练协助　老师应注意观察婴儿的反应，如果婴儿表现出烦躁的情绪，应停止游戏。

【活动3】

感受不同的声音

1.适宜年龄　6个月至4岁。

2.活动目的　丰富听觉刺激，促进听力发育。

3.活动时间　3分钟。

4.活动过程　老师和婴幼儿一起闭上眼睛安静地聆听各种声音。可以选择自来水的流水声、街上的嘈杂声、楼道里的走路声、邻居的说话声等；还可以和婴幼儿一起敲打不同的乐器，感受不同的音乐声。鼓励婴幼儿既要听房间内的声音，又要听房间外的声音。

5.操作要点　对于年龄小的婴幼儿，要避免到过于嘈杂的闹市或噪声大的地方。

6.训练协助　老师可以带婴幼儿到户外，闭上眼睛听各种车辆的声音，如摩托车、小汽车、公共汽车、大卡车、警车、救护车、消防车等发出的声音。还可以带婴幼儿到动物园，听各种动物的叫声。

三、触觉活动设计与指导

婴幼儿的触觉训练有赖于家长的引导。婴幼儿好奇心重，为了满足自己的触觉需要，常常手、脚、口、唇并用。在家进行触觉训练，家长不仅要掌握方法，还要了解训练的注意事项。

（一）触觉训练的方法

对婴幼儿进行触觉训练，家长要从专业的角度出发，用科学的方法带给他们丰富的触觉刺激，从而正确引导婴幼儿的触觉行为。在家进行触觉训练的常用方法见表4–1。

表4–1　在家进行触觉训练

方法	具体操作
抚触	温柔地和婴幼儿进行身体接触，或者到专业的指导机构学习，按照一定的步骤给婴幼儿进行按摩，做抚触操
物体刺激	以适当的力度将婴幼儿抱在怀里或者经常轻柔地揉捏婴幼儿的躯干、四肢，用各种不同柔软度的刷子、不同质感的布料（如毛巾、澡巾等），轻轻地摩擦婴幼儿的四肢、背部，强化及增加触觉刺激的效果；鼓励婴幼儿用手摸、用脚踩日常用的各种物品，感受不同物品的质地；给婴幼儿提供质地不同的玩具，让他们抓握或者啃咬
提供不同的爬行环境	尝试让婴幼儿在不同的环境中爬行，如硬胶、地毯、木地板、蓬松棉等，在爬行的过程中促进触觉的发育；也可以在家里设置一个球池，里面放上大小、软硬度、材质不一的球，让婴幼儿在球池里爬行、玩耍

续表

方法	具体操作
触摸大自然	大自然中的泥土、石子、树叶、花花草草等都是促进婴幼儿触觉发育的丰富材料，可以让婴幼儿在家里玩玩泥沙、学做园艺，让婴幼儿积累丰富的触觉体验
涂鸦	给婴幼儿提供一些安全的颜料，让他们用手、脚蘸颜料涂涂画画

（二）触觉训练的注意事项

触觉训练除了借助专门的触觉训练器具来完成外，还可以通过其他训练或在日常生活中对婴幼儿进行训练。进行触觉训练的注意事项见表4–2。

表4–2 触觉训练注意事项

注意事项	具体操作
触觉训练具有滞后性	触觉刺激比较滞后，训练要注意强度和时长，不可急躁 （1）触觉过敏者： ·训练强度由弱到强 ·提高肌肤的抗敏感性 （2）触觉迟钝者： ·训练强度由强到弱 ·提高肌肤的敏感性
灵活调整训练部位	常与外界环境接触的部位，触觉刺激防御程度比较轻。训练初期，应从相对不敏感的部位开始，逐渐过渡到敏感部位
	训练初期，应从相对不敏感的部位开始，逐渐过渡到敏感部位。相对不敏感的部位如手背及指端，敏感部位如大腿内侧
训练形式应多样化	训练形式应根据实际情况进行改变，加强与其他训练活动的结合。如触摸方式可由自我触摸过渡到借助道具触摸等

【活动1】

抚触按摩操

1.适宜年龄 0~12个月。

2.活动目的 积累触觉体验，促进触觉和本体觉发育，安抚婴儿情绪，提高睡眠质量，促进神经发育。

3.活动时间 每天可进行一次，每次10～20分钟。

4.活动过程 将双手洗净，最好抹上婴儿润肤油或橄榄油。

（1）头部按摩：首先，双手拇指指腹从婴儿额头的中央位置开始，分别向两侧推出，重复两次；然后，双手拇指放置在婴儿下颌部的中央，分别向两侧斜上方滑动，让婴儿的嘴角呈现微笑的弧度，重复两次；最后，双手从婴儿的前额发际抚向脑后，两手中指分别停在脑后。

（2）四肢、手足按摩：

1）四肢按摩：用手抓住婴儿的一只胳膊，双手交替从上臂向手腕方向轻轻抓捏，然后从上到下搓滚，左右各做一次。下肢的按摩和上肢的方法一样。

2）手足按摩：先用两手拇指指腹沿婴儿的手腕到手指方向推进，逐个轻轻提拉每根手指。接着按摩婴儿的足部，方法同手部按摩。

（3）躯体按摩：保证室内温度合适的情况下，让婴儿裸露上半身，双手从胸部外下方开始，向对侧上方交叉推进，在胸部交叉。两手依次从左下腹向左上腹、右上腹、右下腹按摩，顺时针方向画半圆。接着是背部，让婴儿趴下，以脊柱为中分线，双手与婴儿脊柱呈直角，朝反方向重复移动，由背部上方到臀部，再到肩膀，重复多次。

5.操作要点

（1）室温维持在27℃左右，抚触一般在两次喂奶之间进行或在婴儿洗浴后进行。抚触之前准备好换洗衣服和纸尿裤。

（2）抚触前摘除手、腕部的饰品，彻底洗净双手并擦上婴儿润肤油。给婴儿按摩时，家长的指甲不能过长，以免划伤婴儿。

6.训练协助　抚触时，家长要用温柔的目光和婴儿交流，一边抚触一边和婴儿说话。如果配上一些舒缓的音乐，带着节奏进行抚触，婴儿会觉得更有趣。

【活动2】

小小球池

1.适宜年龄　1~3岁。

2.活动目的　增加幼儿的身体对外界刺激的感觉，丰富触觉体验。

3.活动时间　每次约10分钟。

4.活动过程　准备一个大一点的澡盆或幼儿用的围挡，里面放上海洋球，做成一个小小的球池。让幼儿进入球池，与海洋球“亲密接触”的同时还可以按摩身体。

5.操作要点　可以在球池里放不同颜色的球，或者在部分小球上标上号码，指定一种颜色或一个号码，让幼儿找出来。

6.训练协助　老师要在旁边看护好幼儿，想办法与幼儿互动，增加游戏的趣味性。

【活动3】

撕纸比赛

1.适宜年龄　6个月至2岁。

2.活动目的　增加触觉体验，通过撕、抓、揉、拉、放等动作锻炼婴幼儿手指的协作能力及指关节的灵活性，提高触觉敏感度。

3.活动时间　5~10分钟。

4.活动过程　准备不同质地的纸，老师先拿起其中一张纸，慢慢撕成条状，可边撕边说："今天我们来比赛撕纸吧，瞧，多有趣呀！"接着递给婴幼儿一张纸，让其跟着自己做同样的动作。每体验一种纸，老师都和婴幼儿说说不同的感受，如纸的软硬、撕纸时发出的声音及所用的力度等，年龄大一点的婴幼儿要引导他们自己说出感受。

5.操作要点

（1）不要选择油墨印刷的纸张，如报纸、旧书等，以免对孩子的健康造成影响。游戏结束后应立即给孩子清洁双手。

（2）纸张不要选太锋利的，以免划伤宝宝的皮肤。

（3）对于年龄小的婴幼儿，老师要防止其误食纸张。

6.训练协助　随着年龄增长，可以有意识地引导婴幼儿撕出一些可爱的形状，以开发他们的想象力。也可以找一些带有图画的纸张，让婴幼儿沿图画边缘将图画撕下来，促进他们的精细动作发育。

四、空间知觉活动设计与指导

【活动1】

跷跷板

1.适宜年龄　12个月至3岁。

2.活动目的　增强肢体灵活性，促进手脚协调能力发育。

3.活动时间　每周可进行2~3次，每次约10分钟。

4.活动过程　准备一根直径15~20 cm、长约1.5 m的木棍或木板，毛巾被一条，软垫一个，木凳一个。用毛巾被将木棍或木板的一端包好，以木凳作为中心支撑点，把木棍或木板放在木凳上。在木棍或木板包好的一端下面的地板上铺上软垫。让幼儿坐在包好的一端，双手抱紧木棍或木板。家长手握住另一端，以木凳为支撑点，模仿玩跷跷板的样子，上下压动。

5.操作要点　压的过程中要保证幼儿的安全，根据幼儿的年龄选择压的速度，遵循由慢到快的原则。

6.训练协助　玩的过程中家长要在旁边保护好幼儿。鼓励幼儿做不同的尝试，如可将木棍或木板压平，让幼儿在空中做划船状，并让幼儿逐渐把手松开或举起等。

【活动2】

升降运动

1.适宜年龄　5~9个月。

2.活动目的　感受空间变化，促进前庭觉的发育。

3.活动时间　5~10分钟。

4.活动过程　以水平方式将婴儿抱起，缓慢地做上下垂直运动，告知婴儿上升、下降，让婴儿体验空间的变化。之后再改换成一只手托住婴儿的臀部，另一只手托住婴儿的头颈部，或用手轻轻放在孩子的胸部，让婴儿的身体靠在家长的身上，做升降运动，最后再回到水平仰卧状态。

5.操作要点　将婴儿抱起处于水平位置，模仿钟摆的摆动方式，左右摇晃2~3次。婴儿适应之后，再做上下垂直运动，让婴儿缓慢感受空间的变化。

6.训练协助　家长注意观察婴儿的反应，若婴儿出现惊恐状态，应立刻停止。

【活动3】

被动爬行

1.适宜年龄　3~9个月。

2.活动目的　锻炼婴儿的头、颈、背部及四肢肌肉的运动能力，训练空间感。

3.活动时间　1~2分钟。

4.活动过程　给婴儿洗完澡或者做完按摩后，让婴儿俯卧在床上或地毯上。婴儿的力量可能还不足以支撑身体，家长可用双手抱住婴儿的腰腹部，婴儿就会用力往前蹬或爬行。

5.操作要点　刚开始训练时，时间要短至约1分钟，随着月龄增加，可以逐渐延长爬行的时间。

6.训练协助　婴儿学会爬行后，可以放置一些障碍物，锻炼他的思维和反应能力。

【活动4】

钻山洞

1.适宜年龄　2~4岁。

2.活动目的　提高幼儿肢体灵活度、手眼协调能力、平衡能力。

3.活动时间　每周进行2~3次，每次约10分钟。

4.活动过程　找一张高70 cm、宽50 cm的桌子或长凳，摆在地板中间。告诉幼儿这是一个神秘的山洞，鼓励他们从桌子或长凳下方钻或爬过去。先用手爬，然后再训练四肢着地往前爬，以身体尽量不碰到桌子或长凳为宜，反复多次练习。

5.操作要点　可以让幼儿蹲着从桌子下走过去或后退着来回钻，以不碰头为宜。

6.训练协助　家长要在旁边保护幼儿的头部，以防被撞到，并拍手鼓励幼儿。

【活动5】

宝贝转转转

1.适宜年龄　8~12个月。

2.活动目的　让婴儿感受来自不同方向的前庭刺激，强化肌肉关节的张力，促进平衡感的发育。

3.活动时间　每周可进行2~3次，每次3~5分钟。

4.活动过程　让婴儿趴在大人的肩膀上，托起其双脚，先按顺时针的方式转1~3圈，稍作休息后，再按逆时针的方式转1~3圈。如果大人的平衡感不佳，可以抱着婴儿坐在转椅上，做顺时针和逆时针转动。

5.操作要点　转动速度不宜太快，也不宜太频繁。

6.训练协助　此时的婴儿头顶囟门尚未闭合，家长在给予其前庭刺激时，要把握好转动的速度，而且动作幅度不宜过大。

五、拓展活动

（一）记忆力训练游戏

【活动1】

模仿家

1.活动目的　训练幼儿对事物的回忆及再现能力。

2.活动准备　记录不同人良好行为的小视频。

3.活动过程

（1）播放具有良好行为的小视频。

（2）关掉视频，让幼儿模仿视频里的良好行为。

（3）换另一个人的视频并重复步骤（1）和（2）。

4.活动延伸　可以带幼儿去公园看猴子、长颈鹿等动物，回来后让幼儿模仿它们走路、挠痒、吃东西的样子。

【活动 2】

背古诗

1.活动目的　训练幼儿的记忆能力。

2.活动准备　五言古诗。

3.活动过程

（1）把诗词串起来编成一个故事讲给幼儿听。

（2）根据故事情节向幼儿提问。例如，在给幼儿讲《静夜思》的故事时，可以问幼儿“诗人在思念什么”等。

（3）教幼儿背古诗。

（二）想象力训练游戏

【活动】

故事大王

1.活动目的　锻炼幼儿的想象力。

2.活动准备　彩纸、画笔。

3.活动过程

（1）让幼儿在彩纸上自由画画，画出不同的角色。

（2）让幼儿根据画出来的角色编出新故事。

4.活动延伸　可以让幼儿把故事表演出来。

（三）思维训练游戏

【活动1】

欢乐的小火车

1.活动目的　通过观察，找出物体之间的不同之处，理解不同物体代表的寓意，培养婴幼儿的综合分析能力，促进其思维的发育。

2.活动准备　准备3个纸板，分别在上面画一个圆形，将圆形分别涂成红色、绿色、黄色。

3.活动过程

（1）告诉婴幼儿红纸板代表红灯，绿纸板代表绿灯，黄纸板代表黄灯。

（2）妈妈与孩子前后站好，妈妈当“火车头”，孩子揪着妈妈的衣服做“火车尾”，爸爸拿着牌子。当爸爸举绿牌子时，“火车”启动，妈妈领着孩子小跑，且在孩子能够跟得上的条件下逐渐加快速度；当爸爸举黄牌子时，“火车”要慢慢放慢速度；当爸爸举红色牌子时，“火车”完全停下来。

（3）玩几次之后，让孩子当“火车头”，尝试根据纸板颜色来判断是开还是停。

【活动2】

找背面

1.活动目的　通过让婴幼儿对事物的特征进行直接感知和对比，从而找出物体之间的相同之处，然后对物体相同之处进行概括和判断，以促进其分类能力的发育。

2.活动准备　准备不同的物品和这些物品的正反面照片，如玩偶的正面照片一张，背面照片一张；铅笔盒的正面照片一张，背面照片一张；婴幼儿衣服的正面照片一张，背面照片一张。

3.活动过程

（1）把所有物品的背面照片摆在婴幼儿面前，然后成人拿着其中一种物品的正面照片，让婴幼儿找出其背面的照片。

（2）如果婴幼儿正确找到了，给予鼓励和表扬；如果找错了，可以出示实物引导寻找。

4.活动延伸　成人选取的物品应该是婴幼儿生活中常见的，不能太抽象。

【活动 3】

故事接龙

1.活动目的　和幼儿一起编故事，让他们的联想更敏捷。

2.活动过程　亲子间进行故事接龙。例如，妈妈说："中午的时候，有只小熊出去玩，遇到一只小狗。"孩子接着说："小狗摇摇尾巴，向小熊问好。"妈妈说："小熊也礼貌地向小狗问好，并邀请小狗到家里做客。"孩子说："小狗跟着小熊到家里做客。"妈妈说："可是，小狗又想起妈妈这时候应该在家里等自己回家吃饭。"……

3.活动延伸　大人可以引导幼儿发挥无限的想象编故事。

讨论与思考

在了解不同时期婴幼儿发育特点的基础上，进行婴幼儿相应的认知活动设计与指导。在各项活动中促进婴幼儿各方面综合发育，尊重婴幼儿发育自然规律，营造适合婴幼儿发育的良好环境。

扫码看同步练习

第五章
婴幼儿语言活动设计与指导

学习目标

1. 熟悉婴幼儿期语言发育规律，掌握各阶段婴幼儿语言发育特点。

2. 根据婴幼儿语言训练目标，设计相应语言活动训练内容，并指导婴幼儿语言发育。

3. 婴幼儿语言教育活动开展目的是促进婴幼儿语言能力的提高，对婴幼儿的身心健康有积极的影响，能更好地促进婴幼儿整体素质的发展。

情景导入

下班回到家，妈妈问小凡奶奶："妈，小凡（1岁10个月）早晨几点起床的？"小凡这时正在茶几上玩小汽车，他听到后，开始学大人说话。

小凡："小凡早晨几点起床的？"

奶奶："好像8点半吧。"

小凡："好像8点半吧。"

妈妈又问："他吃东西了吗？"

小凡："他吃东西了吗？"

奶奶："吃了几块饼干，刚才又吃了一点米饭。"

小凡："吃饼干、吃米饭呢。"

妈妈和奶奶再也忍不住"哈哈"地笑起来。小凡也学着她们"哈哈"假笑了几声。但他这时还是在继续玩小汽车。

请思考：小凡正处于日常语言建设的敏感期，该时期幼儿的语言发育有哪些特点？如何把握此期幼儿的语言发育问题？

第一节　婴幼儿语言发育

一、3岁以下婴幼儿的语言发育规律

语言在婴幼儿认知和社会性发育过程中起着重要的作用。语言是婴幼儿心理发育过程中获得的最复杂的符号系统。这一符号系统是以语音为载体、以词为基本单位、以语法为建构规则而组织起来的符号系统。婴幼儿语言的发育要经历漫长的过程，涉及复杂的理论问题。

（一）婴儿语音的发育

婴儿语音的发育分为语音感知和发音。

1. 语音感知　是对语音的辨别，主要表现在声音定位、区别语音与其他的声音、对语音的情绪反应。

2. 婴儿的发音　在语言发育的准备阶段，婴儿发音的发育顺序分为三个阶段，即简单发音阶段（0～4个月），多音节阶段（4～9个月），有意义的语音即学话萌芽阶段（9～12个月）。真正发音是从掌握第一批词开始的；婴儿最初的语音发育规律具有普遍性；婴儿只能发出他可以辨别的语音；到3岁左右，婴儿基本上能掌握母语的全部发音。

（二）词汇的发育

幼儿在1~1.5岁之间获得第一批词汇，词汇量约50个左右。此后，词汇量迅速发展，到3岁能达到1000个左右。与此同时，他们掌握词汇的内涵和外延的质量也不断提高。

（三）句法的发育

1.5~2.5岁是幼儿获得母语的基本语法的关键时期。3岁幼儿基本上能掌握母语的语法规则。其发育过程如下：1~1.5岁能使用不完整的句子，从单词句、双词句到电报句；1.5~2岁的句法结构多属完整的简单句和一定程度的复杂句；3岁幼儿基本上可以使用完整句。

二、3岁以上幼儿的语言发育规律

语言是人的交流工具，它对幼儿心理发育具有深刻而广泛的影响。幼儿是幼儿语言能力发育迅速的时期，是增加词汇数量最快的时期，是口头语言发育的关键时期。因此幼儿期是幼儿语言发育的关键性时期。

（一）词汇的发育

3岁以上幼儿词汇的发育表现在词汇量的增加、词汇内容的丰富和词类的扩展上。

1. 词汇量的增加　关于词汇量的调查和估计出入比较大，幼儿之间的个体差异也比较大，不能以绝对数为指标来衡量每个幼儿，但是总的趋势具有一致性和普遍性。综合中国、日本、美国、德国等国的研究结果可得出一个大体一致的词汇量发育趋势。其中，年增加量最大的幼儿每日要增加2~3个词汇或更多。幼儿在3岁可拥有1000左右的词汇量，6岁3000左右，7岁4000左右。

2. 词汇内容的丰富和词义的深化　幼儿最初赋予所获得的词的意义与成人所理解的词义并不完全相同，主要表现为词义扩大、词义缩小，与成人词义部分重叠。幼儿对词汇的理解是从不确切逐渐发展到确切，从对词义的肤浅理解到理解不断加深，从具体性向概括性转化，掌握词汇的内涵和外延不断得到调整和修正。儿童对词汇运用的尝试性探索在其词汇内容的丰富和词义的深化中起重要的作用。

3. 词汇的扩展　1~1.5岁幼儿所掌握的词汇，多为名词和少量的动词，3岁以后逐步掌握各类词汇，但是不同词类的多寡差异很大。研究发现，幼儿掌握各类词汇数量中名词最多，其次是动词、形容词、数词和量词。在名词中具体名词占80%~85%，在动词中外显的动作行为词汇约占85%，这表明幼儿的词汇中具体名词和可见的外部动作词汇占绝大部分。这与幼儿思维发育特点有着密切的关系。

（二）语法结构的发育

幼儿要掌握语言必须获得语法结构，掌握组词成句的规律。年幼幼儿具有独特的获得语法结构和自动应用组词成句规则的能力，并大致按照如下趋势发展：

1. 从简单句发展到复合句　幼儿说出的句子的结构是一个逐步分化和发展的过程，从最初出现的主谓不分的单词句到双词句，而后又发展到简单句，最后出现结构完整、层次分明的复合句。

2. 从陈述句发展到多种形式的句子　幼儿最初掌握的是陈述句，以后疑问句、否定句、祈使句、感叹句逐渐发展起来。但是到幼儿期末，陈述句仍然占1/3左右。他们对被动句、反语句、双重否定句等形式复杂的句子仍难以正确理解。

3. 从无修饰句发展到修饰句　幼儿最初使用的简单句并无修饰语，以后逐渐发展到有简单修饰语和复杂修饰语。

4. 从词数少的短句到词数多的长句　通常以句子的长度作为衡量幼儿早期语言发育的指标（量的指标）。

汉语以词作为计算句子长度的单位。幼儿期是口头语言发育的关键期，也是人生获得语言的一个非常重要的时期，因此促进幼儿期语言发育是幼儿教育的极其重要的内容。幼儿期的语言发育水平，将影响他们未来从事的职业和社会交往的能力。

（三）口语表达能力的发育

口语表达能力的发育是幼儿语言发育的集中表现，有两个主要发育趋势：

1. 从对话语向独白语发育　幼儿早期的语言交际形式主要是对话语，即与成人之间的问话与回答；幼儿后期的表述逐渐从对话语过渡到独自叙述自己的体验、经验和意愿的独白语，一般到幼儿末期，儿童就能清楚地向他人讲述自己所欲表达的事情。

2. 从情境语向连贯语发育　幼儿的讲述多以情境活动的表象为背景，缺乏连续性，无逻辑性，结合情境才能理解。随着思维逻辑性的萌芽，开始出现连贯语表述。据研究，4岁幼儿约有1/3能运用连贯语，到6岁能运用连贯语者可达1/2左右。幼儿期是口头语言发育的关键期，独白语与连贯语的发育是口语表达能力发育的重要标志。

三、各阶段婴幼儿语言发育特点和培养方法

（一）0~1岁婴儿语言发育特点和培养方法

人本身对交流非常渴望，在婴儿身上这就能够直观地展现了。婴儿虽然不大会说话，但是他会尝试用各种方式来同家长交流。家长可以根据幼儿各阶段的语言发育特点，来帮助他们进行语言开发。

1. 0~2个月婴儿发育特点和培养方法

（1）发育特点：

1）易敏感：在意身边的各种声音，会长时间注视着说话的人。

2）爱交流：出生半个月左右，就向往和妈妈对话，开始会发出哼哼声，还会使用不同的哭声来告诉妈妈不同的需求。

3）辨别与回应：2个月大的婴儿，基本上可以分辨出妈妈的声音，并发出声音进行回应。

（2）培养方法：

1）多交流：和婴儿说话时表情可以略夸张，鼓励他发声。

2）奖励：如果婴儿能够很快回应，可以抱抱他，摸摸他，让他变得更爱说话。

3）多体会：婴儿的语言或许很难懂，可以静下心来慢慢体会，记住任何一种声音都要给予回应。

4）目光交流：在这一时期语言交流还比较困难，坚持目光交流，经常面对婴儿，让他感受到你对他的爱。

2. 2~6个月婴儿发育特点和培养方法

（1）发育特点：

1）元音和辅音：婴儿在会笑之后，会不时发出“a”“o”“e”的声音。不开心时，

会发出“n”“m”“p”的声音，开心时还会夹杂着“k”的声音，还会“咿咿呀呀”地和妈妈“谈话”。

2）愈发敏感：有人喊他的名字时，会立即转过头来找。看到熟悉的家人、书籍、玩具会发出欢快的声音。

3）多元化的声音：4个月大的婴儿会开心地尖叫甚至发出吐泡泡的声音。6个月大的婴儿会朦朦胧胧地发出“ma”“da”的声音。

（2）培养方法：

1）锻炼舌头：可引导婴儿经常吮吸或舔乳头。

2）听音乐：播放很有节奏的儿童音乐，也可经常朗诵儿歌。

3）模仿：经常在婴儿面前笑，通过滑稽的表演让他试着模仿。

3. 7~12个月婴儿发育特点和培养方法

（1）发育特点：

1）发音清晰：可以很清晰地发出“ba”“ma”“da”的声音，8个月时就可以发出连着的“baba”和“mama”了。

2）爱模仿：10个月时，开始模仿旁人的说话，而且越来越像。到了1岁左右，还会模仿小动物的叫声。

3）会理解：理解能力越来越强，赞同会点头，反对会摇头，并理解大人的指示，如挥手再见、拍手等。

（2）培养方法：

1）做个优秀的老师：婴儿会模仿你的声音来学说话，因此同他说话时要放慢速度，一个字一个字地说出来，最好结合动作来表达。

2）一同“咿咿呀呀”：使用婴儿的语言，他看到你开心的样子会更加努力地说话。

3）跟着他说：这个阶段的婴儿会说单个的字、词，不妨随着他一起说，并给他以拥抱鼓励，让他不停地练习说话。

4）理解：即使婴儿会说某个字或词也未必能理解其中的含义，家长要通过动作或者实物让他明白。

（二）1~2岁幼儿语言发育特点和培养方法

1. 1~1.5岁幼儿发育特点和培养方法

（1）发育特点：

1）认知能力变强：幼儿逐渐认识一些简单的东西，如苹果、水杯、帽子等。

2）说奇怪的语言：开始创造新型语言，外人一般都不大懂，还会一直重复大人的口头禅。会说10个词。其中包括吃、抱、抓等动词还有熟悉的物品、人名。

（2）培养方法：

1）正确的表达：这时期幼儿的表达能力不及理解能力，当他想吃糖时，或许只会说“妈妈”，这时你需要说“妈妈马上给你一颗糖”，然后重复“糖”字，以后他就会说：“妈妈，糖”。

2）读书：给幼儿读书，并重读人名和物名，重复他熟悉的物品名字，并引导幼儿跟着读。

3）听声音：让幼儿听各种声音，如下雨声、打雷声、翻书声，并帮助他辨别。

4）联系生活：从身边开始，让他辨别不同物体的颜色和类别，必要时可以教幼儿数数。

2. 1.5~2岁幼儿发育特点和培养方法

（1）发育特点：

1）会说短句：能力稍强的幼儿可以轻而易举地说出四五个字连成的句子了，可以掌握30个单词。

2）学会交流：开始学会真正的沟通，会礼貌地等待别人说完后，再说出自己的意愿，并在不同的场景下说出不同的词，能够回答大人简单的问题。

3）喜爱重复：热衷于重复听自己中意的歌，重复看自己中意的书及动画片。

（2）培养方法：

1）多用形容词、副词、介词：这时的幼儿可熟练使用名词和代词，家长要多在说话中加入形容词、副词、介词，并努力用肢体语言让他明白其中的含义。

2）切勿比较：不同的幼儿语言能力都有所不同，不可盲目催促或者比较，这会破坏幼儿学习语言的兴趣。

（三）2~3岁幼儿语言发育特点和培养方法

（1）发育特点：

1）可掌握300个单词：说话越发流利，对新的词汇保持浓厚的兴趣，可以耐心听别人说话，能力强的幼儿可以说出6个字的复杂句子，背出10首左右的诗歌。

2）语言能力变强：对情节复杂的故事越来越热爱，喜爱聆听大人间的对话。可以灵活使用代词、连词、时间词、礼貌词，喜爱提问，观点表达清晰。

（2）培养方法：

1）拓展朋友圈：让幼儿多和同龄人交流相处，学会更广更实用的交际语言。

2）重复某个故事：重复幼儿喜爱的某个故事，这会让他理解得更透彻。

3）读情节复杂的故事：这类故事中会有很多新鲜的词汇，帮助幼儿理解它们。

（四）3~4岁幼儿语言发育特点和培养方法

（1）发育特点：

1）大胆自信：说话越发流利，信心满满，会使用多种句式，包括命令句、疑问句、请

求句，且语气词较多。

2）学习能力强：对于新颖的词汇和语法，学起来很快并善于去运用，还会造出奇怪的词。

（2）培养方法：

1）耐心：这时期的幼儿经常说错话，不要在众人面前批评他，而是耐心地一遍遍地教会他，鼓励他。

2）一同解决难题：幼儿分析能力变强，面对问题时不妨让他参与进来，鼓励他表达自己的想法。

3）跟幼儿说悄悄话：幼儿热衷于说悄悄话，跟他做好互动。

4）有问必答：幼儿有问题要马上回答他，但不能逃避或者撒谎，要主动做到耐心聆听，不断点头，可以在交流中使用复杂的句子，让幼儿学习新的技能。

5）阅读童话：健康的童话故事人物对话、故事内容既能让幼儿兴致盎然，还能让他学会对话的技巧。

第二节 婴幼儿语言活动设计原则与方法

叶圣陶先生曾经说过："儿童时期如果不进行说话的训练，真是遗弃了一个最宝贵的钥匙，若讲弊病，充其量将使学校里种种的教科书与老师的教育全然无效，终生不会有完整的思想和浓厚的感情。"可见，语言能力是多么重要。语言能力是指运用一定的语言内容、形式，表达个人观点、倾诉个人情感的能力。这是幼儿社会化、个性化发育的重要标志。21世纪对人的语言能力提出了极高的要求，而婴幼儿语言教育活动是提升语言、促进发育的重要途径。

一、语言教育活动设计原则

（一）让婴幼儿积极活动的原则

婴幼儿的发育是在活动中实现的，老师要善于激发婴幼儿活动的动机，重视婴幼儿在活动中的操作。

（二）促进婴幼儿语言发育的原则

老师应注意培养婴幼儿的语言运用能力，采取多种多样的形式促使婴幼儿在语言形式、语言内容和语言运用等方面获得相应的发育。

（三）自由与规范相统一的原则

婴幼儿语言教育活动本身是一种通过规范去学习语言规范的过程，但是教育的目的之一又是让婴幼儿的个性得到自由的发展。因此，老师设计语言教育活动应注重为婴幼儿提供自由说话的机会，同时引导婴幼儿养成运用规范语言的习惯。

（四）老师示范与婴幼儿练习相结合的原则

对婴幼儿语言教育而言，老师的示范是婴幼儿进行语言模仿的基础，但是要使老师示范的语言为婴幼儿所习得，并能为婴幼儿所牢固掌握和灵活运用。老师在设计和组织语言教育活动时必须坚持示范与婴幼儿练习相结合的原则，为婴幼儿提供充分练习的机会，巩固、迁移有关语言经验。

二、语言教育活动设计方法

（一）目标的确立

教育目标是教育活动的立足点，也是教育活动所要达到的最终结果。目标的确立直接影响教育内容、教育方法和形式等方面的相互渗透。因此，在确立目标时应注意两点。

1. 制定目标要考虑价值取向　从价值取向上看，目标应更多地突出情感、兴趣态度和个性能力，以体现婴幼儿学习的意义。例如，“妈妈的爱好”的活动目标是：“喜爱妈妈，乐意并尝试用各种方法了解、记录妈妈的爱好。”这样的目标既关注兴趣、情感的激活，又凸现认知、能力的发展，有利于老师依据目标开展活动，更好地促进幼儿发展。

2. 制定目标要权衡达成度　在制定、落实目标时，要着眼于婴幼儿，尽可能贴近他们的年龄特点和认知特点，有针对性地提出符合他们特点的、能够达成的目标。如开展“说说我的家”“妈妈的爱好”等活动时，制定目标就应从婴幼儿的角度去思考——通过活动婴幼儿能够了解什么，活动中婴幼儿探究什么，活动中婴幼儿提升什么等。在此基础上确立目标，就会有利于目标的达成。

（二）内容的选择

活动内容的选择是婴幼儿语言教育的重要一环，关系到能否实现预期的活动目的。从现代教育提倡的整合、开放理念出发，老师在选择语言教育活动内容时，需要注意以下两点。

1. 内容应与幼儿的现实生活相联系　生活是学习的源泉，对于幼儿来说更是如此。因为在生活中，幼儿会积累许多经验，而选择与生活相贴近的内容，则有利于幼儿在学习中回忆、梳理，进而提升经验。例如，在开展家庭成员亲子活动，可以包含“我有一个家”“我的家”“爸爸本领大”“妈妈和我”“爷爷奶奶喜欢我”等五个方面的内容。在设计和实施过程中，老师应选择与幼儿生活相贴近的内容，如“在妈妈的肚子里”“我来

了”“爸爸的手”“画妈妈”“我的爷爷奶奶”等内容，并根据幼儿的需要及班级实际，进行调整、补充、组合或改编。例如，在“我有一个家”的活动中，幼儿会很自然地把爸爸、妈妈和祖辈等联系在一起，因此诸如“我家有几口人”“爸爸的手”“画妈妈”“我的爷爷奶奶”等活动便可以综合起来开展。由于和幼儿的现实生活紧密相连，幼儿对“家”的学习有切身感受，认知更深刻，并在此过程中会对家有更深刻的体验。

2. 内容应与各领域相渗透　课程内容的渗透主要应该关注领域内的渗透。因此，选择内容时应考虑内容是否涉及幼儿的多项经验，是否能引发幼儿思维的碰撞、想象的拓展，从而使他们通过活动能获得认知、态度、能力等多方面的发育。例如，在“我爱我家”主题活动中，老师可以设计“做客”活动，融合数字概念、方位、幼儿找家的生活经验及朋友关爱的情感经验等。在找家的过程中，既可包含距离、数字等数学知识，也可包含乘车、做客等现实生活中的常识，和情感的体验、亲情的交流联系在一起，可以激发幼儿对活动的兴趣、关注和参与热情，促使他们从多角度进行探究，从中获得多方面的信息。总之，语言教育活动内容应重视体现各领域间的有机联系，注重迁移和运用所学到的经验，以最大限度地促进幼儿的发育。

（三）设计的技巧

1. 提问设计与幼儿当前的发育吻合　语言教育活动设计既要关注幼儿的兴趣和意愿，又要关注幼儿身边发生的事情，深入了解他们现有的认知能力和已有经验。老师设计的问题应注重让幼儿在生活中寻找答案，从中获取经验。例如，在语言活动内容设计中，老师问：“这些不同颜色的水果是什么？”这是一个贴近幼儿生活并与他们最近的认知发展相吻合的问题。因为水果是幼儿天天能够接触到的，因此他们发言踊跃，答案多种多样。例如，红色——红苹果、草莓、樱桃；黄色——香蕉、柠檬、黄苹果、芒果；绿色——青枣、青苹果、猕猴桃、绿葡萄；橘黄——橘子、柿子、橙子；蓝紫色——蓝莓、葡萄、杨梅等。幼儿的经验足够反馈故事中需要的答案，这就使整个语言活动在互动中达到了较好的教育效果。

2. 活动过程要突出教育的渗透性　幼儿语言的发展与其情感、经验、思维、社会交往能力等其他方面的发展密切相关，因此，发展幼儿语言的重要途径是通过互相渗透的各领域的教育，在丰富多彩的活动中去发展幼儿的经验，提供促进语言发展的条件。例如，“爱吃水果的牛”这个活动是在“秋天”主题活动下设计和开展的。故事中牛吃下各种水果，身体强壮，使得欣赏秋天、感受秋天是收获的季节不再显得教条、老套。同时，这个语言活动渗透了其他领域的内容——数数牛吃了多少种水果，将牛吃的水果分类（数学领域）；动手用各种材料装饰、制作不同口味的水果牛奶（美工领域）；引导幼儿在操作观察中议论、想象，并及时用语言表达出来，从而很自然地发展了幼儿的口语表达能力和思维能力等，使幼儿在活动中获得全面的发展。

3. 强调环境对语言活动的暗示推进 幼儿的语言是在特定的环境中发育起来的。老师要创造一个自由、宽松的语言交流环境，支持、鼓励、吸引幼儿与老师、同伴或其他人交谈，体验语言交流的乐趣。例如，幼儿在参观“百鸟园”春游活动前，老师给幼儿提供了大量真实而丰富的影像资料包括茂密的树林和许多小鸟的场景等。在完整欣赏故事的过程中，幼儿听得很仔细认真，有的幼儿还轻轻地和老师一起讲故事。因此，在为大树林中的小鸟取名字的过程中，幼儿显得很积极，他们的答案十分贴切，如“五彩鸟”“彩虹鸟”“五颜六色鸟”“彩色鸟”“孔雀”“凤凰”等，甚至有幼儿回答是“金刚鹦鹉”。可见幼儿的语言、情感已经被预设的环境调动起来，和环境发生碰撞、产生互动，从而达成了整个语言教育活动的目标。

4. 环节设计凸显幼儿的主体性 其实，创造性融合在教育过程的一切活动中，语言教育活动也不例外。反思目前的语言教育活动，师幼互动中依然是由老师发起的提问多，幼儿比较被动。而现代教育理念强调，只有幼儿“想说、敢说”的活动才能使幼儿成为学习的主体。因此，老师选择的教育方法、手段和措施都要有利于凸显和发展幼儿的主体性。例如，在科学教学活动“我的脸上有什么”中，通过引导幼儿感知自己的五官特点，激发幼儿对自身的喜欢与爱护。老师不断提出引发幼儿自主学习的问题：“刚才你玩了什么？你是怎么玩的？用什么玩的？如果没有了眼睛、鼻子、嘴巴、耳朵，猜猜会怎么样呢？”“这里有许多东西，你可以戴上试一试，看看会发生什么事情？”针对幼儿的反应，老师除了及时给予反馈外，更要充分利用，抓住教育的契机，以点带面，使幼儿收获更多的经验。例如，当幼儿说到如果眼睛看不见走路就会害怕时，老师可以及时引导他们关心盲人等。这种以幼儿为主体的活动设计在引发幼儿掌握概念和判断的基础上，引导幼儿根据事物的发展规律进行想象和推理。它无疑会提高幼儿的思维发育水平，促进幼儿连贯表述事物的能力，进一步提升幼儿的语言表达能力。

【活动 1】

像什么

1.适宜年龄　2～6岁。

2.活动目的　修辞手法的学习，有助于提高词汇量，锻炼想象力，培养语言表达能力。

3.操作要点

（1）启发儿童使用比喻的方式表达。

（2）启发儿童使用不同的表达方法，用词丰富，家长也可以有意识地选择一些形象的词汇教给孩子。

4.活动延伸　背诵优美的诗词文章，活学活用，多积累。

【活动 2】

随口说

1.适宜年龄　2～6岁。

2.活动目的　鼓励幼儿多说话、敢说话，提高表达能力。

3.操作要点

（1）出去游玩时，让幼儿把他感兴趣的东西讲出来。

（2）仔细聆听幼儿的表达，可以用提问的方式让幼儿讲得更多，思考更多。

【活动 3】

讲故事

1.适宜年龄　2～6岁。

2.活动目的　看图说话、复述、讲故事，提高语言表达能力，增强记忆力和理解力。

3.操作要点

（1）先从看图说话开始，选择内容非常简单的图片。

（2）家长可以做示范，根据图片讲述内容。

（3）拿出幼儿平时喜欢的图片，请他讲一个故事和家长作为交换。

4.活动延伸　提高图片的复杂程度。让孩子复述故事，背诵故事。随着词汇量增加，孩子的语言能力会逐步增强。

【活动 4】

角色扮演

1.适宜年龄　2～6岁。

2.活动目的　鼓励幼儿多说话、敢说话，提高想象力和语言表达能力。

3.操作要点

（1）借助玩偶或其他道具，扮演其中的角色。

（2）引导幼儿说出符合扮演角色的台词，或想象发生在角色身上的故事。

讨论与思考

根据婴幼儿语言发育的基本规律，设计相应语言活动训练内容，并指导婴幼儿语言发育。婴幼儿语言教育活动的目的是促进婴幼儿语言能力的提高，对婴幼儿的身心健康有着积极的影响。能更好地促进婴幼儿整体素质的发展。

扫码看同步练习

第六章 婴幼儿情绪情感与社会性活动设计与指导

学习目标

1. 了解0~3岁婴幼儿情绪情感与社会性行为的含义和内容。

2. 掌握促进婴幼儿情绪情感与社会性行为发育的方法和途径，能够设计与指导活动方案。

3. 在0~3岁婴幼儿情绪情感与社会性活动设计与指导过程中，能够认识并尊重婴幼儿发育基础，建立良好的社会情感意识，引发婴幼儿的情感共鸣。

情景导入

淘淘今年2岁4个月，上幼儿园托班。最近，幼儿园老师反映：淘淘在幼儿园里越来越喜欢打人，一旦他的某些要求得不到满足，就会立刻大喊大叫，并用手去抓其他小朋友的脸，或者去拧其他小朋友的胳膊。有一次，老师正在组织小朋友玩玩具，淘淘因为自己不是第一个被老师叫起来去玩玩具而大发脾气，甚至冲到前面的小朋友面前动手抢玩具，因为没有抢到还动手打了人。

请思考：淘淘出现了什么问题？你会采取哪些方法缓解淘淘的不良情绪，并通过什么方式指导淘淘的社会性行为发育？

在生命最初的3年时光里，个体在心理品质的各个方面都经历了巨大的变化。婴幼儿的情绪生活方面也有了一种特别明显的变化，1~3岁的幼儿出现次级（自我意识）情感情绪，自我意识开始萌芽，自我调节继续发展，能够离开令其烦恼的刺激或试图掌控它们，常以满足自己需要为准则与他人交往。

第一节 婴幼儿情绪情感发展

一、婴幼儿情绪情感

情绪情感是人对客观事物的态度体验，是人的需要获得满足与否的反映，它主要表现为喜、怒、哀、乐等形式的内心体验。在生命的早期，婴儿体验着很多情绪，并逐渐建立起自己的情感。他们感受着高兴和喜爱、生气和愤怒、羞愧和自豪等。情绪情感没有正确或者错误之分，所有的情绪情感在婴儿发育中都有着重要的作用。例如，在婴儿学会说话之前，微笑和哭泣为婴儿与成人的交流提供了第一语言。这种交流在人的一生中都起作用，帮助人们用语言和非语言的线索来表达自己的感受和更好地理解他人的感受。成人在婴儿情绪情感发展中的重要任务就是帮助他们更好地理解与表达自己的情绪、对他人的情绪更为敏感及寻求有效的方式去处理他们所体验到的多种情绪情感。

二、婴幼儿情绪情感的发展特点

在生命最初的3年时光里，个体在心理品质的各个方面都经历了巨大的变化。婴儿的情绪情感生活方面也有了一种特别明显的变化，出生不到一个月的新生儿就已经表现出虽然有限但有规律的情绪情感，如从兴趣和满意到忧伤。在3岁时，幼儿情绪情感的表达已经非常精化，除了广泛表达如生气、恐惧、悲伤或者高兴的基本情绪情感，这时的幼儿已经发展出表达如尴尬、自豪、害羞和内疚等复合情绪情感。

（一）情绪情感的出现

婴儿在出生的第一年里体验着各种不同的情绪情感。如一个婴儿在12个月前能清楚地表达愉快（大约6周时）、生气（4~6个月时）、悲哀（5~7个月时）和害怕（6~12个月时）。愉快、生气、悲哀和害怕是基本情绪情感，从这些情绪情感中，婴儿最终发展出更细化的情绪。

新的情绪情感出现时，早期的情绪情感变得更加分化。这样，在出生后的第一年末，婴儿的全部情绪情感超出了最基本的情绪情感，继之出现了得意、惊奇、沮丧、焦虑和陌生人引起的痛苦感。更多的和更特殊的情绪情感在出生后的第二年出现。幼儿有了更多的自我意识，出现了像热爱、发窘、蔑视和极度挑衅等更为复杂的情绪情感。到了3岁，幼儿会越来越关注他人，表现出最初的移情信号，而且对跟自己一样的儿童和对成人的爱开始显示出差异。

（二）理解自己的情绪情感

6个月之前的婴儿还不能意识到自己正在经历着的情绪情感，发展到产生主观自我和客观自我阶段时，婴儿才能意识到自己正在经历着情绪情感。2岁的幼儿在遭到母亲的责备后很生气，会冲妈妈大声喊道："我对你很生气，我不理你了!"说完就真的出门去了。这样的愤怒是彻底的愤怒，高兴也是完全的高兴。而后，当幼儿长到五六岁时才会意识到自己在同一时间内的多种情绪。同时，此阶段幼儿情绪情感的发展变化也很快，可能前一分钟在激动地喊"不"，后一分钟就会爬上你的膝盖要你抱抱他。研究发现，3岁幼儿能利用言语描述他们过去、现在和将来的主观情绪状态。这个发展过程对构建幼儿与他人进行情绪情感交流模式是有意义的。交流模式的建立有助于婴幼儿学习他人的情绪情感和自己的情绪情感反应如何表达。

（三）认知他人的情绪

研究表明，婴儿从出生或者出生后不久就能对特定语言信号做出反应。这让我们很吃惊。例如，一个新生儿在听到另一个新生儿哭会跟着一起哭，这好像是他们对另一个婴儿悲伤的回应。3个月的婴儿不仅能在母亲的面部表情伴随着相应语调时分辨出母亲的高兴、悲伤或愤怒的情绪情感，而且能对母亲的快乐表情做出积极的回应，为母亲的愤怒或悲伤而表现出情绪低落。7~10个月的婴儿在识别和解释情绪表达的能力方面表现得更明显，在这段时间里，婴儿开始留心父母对不确定情况的情绪情感反应，并用这些信息调节自己的行为。这种社会参照伴随着年龄的增长越来越常见，而且很快从父母扩展到其他人。例如，如果一个陌生人对着一个近1岁的婴儿微笑，婴儿可能会接近陌生人旁边的玩具；如果此时陌生人表现出令人害怕的表情，就算婴儿很喜欢这个玩具，也会退而远之。

随着婴幼儿的逐渐成长，他们不仅体验和表现出越来越多样化的情绪，而且在识别他人情绪、解释自己和他人情绪的原因和功能方面也有显著的提高。例如，一个2岁的幼儿注意到另一个幼儿在哭，泪顺着他的脸流下来。他会指着这个哭的幼儿说："老师，豆豆哭了，豆豆很伤心。"3岁的幼儿不仅知道豆豆很伤心，还能说出豆豆是因为有人拿走了他的玩具才伤心的。总之，0~3岁的婴幼儿对情绪情感的理解还很有限。在生命的头三年里，婴幼儿只是表现出初级的简单的情绪情感，对他人感受的理解也很简单，我们应该认识到，婴幼儿的情绪情感能力对其早期社会性发展有着非常重要的意义。

三、影响婴幼儿情绪情感发展的因素

婴幼儿的情绪情感是在一定的教育环境的影响下逐渐发展起来的，这些影响可以来自家庭、学校和社会等方方面面，其中，家庭中父母通过与婴幼儿的互动，影响着婴儿自身的情绪发展与调节，并对其今后的发展有着极其深远的影响。

父母与婴幼儿之间是一种血缘的亲情关系，他们之间存在着一种与生俱来的天然的无可替代的依恋。正是由于这种依恋，父母能敏感地察觉到婴幼儿身上一切细微的变化，而婴幼儿也能从父母关爱的眼神和表情中感受到安全和信任，获得人生中最早的情感体验。同时，婴幼儿的生活大部分时间都是在家中与父母共同度过的，朝夕相处中，父母的言行举止、情绪变化都会给婴幼儿留下较深的印象，成为他们的榜样；而父母对婴幼儿的教育态度，对婴幼儿各种表现的反馈与回应都会传递给婴幼儿不同的信号，影响他们对事物的态度和体验，从而影响他们情绪情感的发展。所以，父母因其与婴幼儿天然密切的亲子关系，在婴幼儿情感教育的过程中有着不可替代的作用。婴幼儿情绪调节发展过程中表现出的个体差异性，很大程度上是受父母的影响。父母在与婴幼儿的互动中提供生理和情感支持，基于婴幼儿的先天气质和各阶段的特点不断地塑造婴幼儿的情绪调节能力和特点。除此之外，父母自身的情绪调节方式会引起婴幼儿的模仿，进而潜移默化地影响婴幼儿的情绪调节方式。

四、婴幼儿情绪情感活动的指导

（一）情绪识别活动

婴幼儿主要依靠观察情绪的外显特征，包括面部表情、语音语调、行为动作，来认知与理解他人的情绪。婴幼儿识别愉快情绪要早于识别消极情绪。在情绪识别活动中，主要以发展婴幼儿再认表情、分辨情绪的能力为主。

（1）以谈话或者游戏导入活动，激发婴幼儿参与活动的积极性。

（2）引导婴幼儿感知情绪的外显特征。要充分调动婴幼儿的多种感官，通过玩教具或者现场演示向婴幼儿展示笑、哭等常见的表情和动作，让婴幼儿观察、体会，并尝试用行为动作、简单语言表达自己的看法。

（3）引导婴幼儿再认和模仿情绪的外显特征。我们可以通过很多种方式来增加活动的趣味性。例如，组织游戏“表情宝宝分类”“我做你猜”“面对面照镜子”，组织音乐游戏带领婴幼儿跟着节奏和歌词创造性地展示各种表情动作，或者通过给婴幼儿制作专属的“表情包”等作品展示的方式，强化婴幼儿对情绪的识别与理解能力。

（4）总结评价，结束活动。照护者对婴幼儿在活动中的表现进行评价时，要以正面评价为主。

（二）情绪表达活动

我们应允许和尊重幼儿的情绪表达，尤其是给予他们宣泄负面情绪的机会，并合理地回应，帮助幼儿调节负面情绪。在幼儿拥有一定的自我情绪识别能力的基础上，可展开情

绪表达活动。

（1）谈话或者游戏导入活动，激发幼儿参与活动的积极性。

（2）鼓励幼儿表达自己的情绪，如通过选择表情图片、简单的语言、动作、歌唱、绘画作品等形式表达。

（3）对幼儿的情绪表达予以恰当的回应。如幼儿表达的是愉快的情绪，照护者可通过奖励、游戏等方式及时强化幼儿的愉快情绪。如幼儿表达的是不愉快的情绪，照护者应与家长配合沟通，明确引发幼儿不愉快情绪的原因，并帮助幼儿调节。

（4）总结评价，结束活动。对幼儿在活动中的表现进行评价时，要以正面评价为主。

课程思政

孩子哭也是一种情绪的宣泄

幼儿刚学会走路的时候跌跟头是正常现象，如果摔疼了，幼儿感到委屈就会哇哇大哭，这就是情绪的宣泄，这时候他需要大人过来哄一哄，如果有人过来用嘴吹一吹、揉一揉，并且安慰幼儿说："妈妈知道你跌跟头了，很疼，妈妈帮你吹一吹揉一揉，很快就不疼了。"幼儿的情绪通过发泄，再经过正确的引导和安抚，这件事情就会很快过去。

家里有二胎的父母，肯定都有这个经历，父母只要批评大宝几句，大宝就会感到万分委屈，有的甚至还会默默地哭泣，这个时候的大宝是不安和脆弱的，他怕父母从此以后只爱二宝，而不再爱自己，哭也是大宝情绪的宣泄，其实他是想要引起父母的注意，渴望父母的公平对待，也渴望父母的爱，父母这时候要积极地引导，转移大宝的注意力，为大宝及时调整好情绪状态。

孩子哭也是一种情绪的宣泄，有的孩子还小，他心里难过，有委屈，却没有办法说出来，只好用哭来表达自己内心的情绪。还有的孩子不善于表达自己的情绪，这时候就需要父母的引导。正确理解和接纳孩子的情绪，如果孩子出现情绪反应，父母要先用同理心和技巧接纳孩子的情绪，当孩子知道你愿意理解他的感受，就会慢慢将情绪沉淀下来。

第二节 婴幼儿的社会性发展

一、婴幼儿社会性发展的概念

社会学家认为，所谓的社会性，是指生物作为社会的一员，在活动时，所表现出的有利于社会发展的特性，如分享、合作、助人等。

在发展心理学中，广义的社会性指人在社会生存过程中所形成的全部社会特性的总和，包括人的心理特性、政治特性、道德特性、经济特性、审美特性、哲学特性等，它是与人作为生物个体的生物性相对而言的。狭义的社会性是指由于个体参与社会生活，与人交往，在他固有的生物特征基础上形成的那些独特的心理特征，包括信念、价值观和行为方式等，他们使个体能够适应周围的社会环境，正常地与别人交往，接受他人的影响，反过来也影响他人，在努力实现自我完善过程中积极地影响和改造周围环境。社会性发展是指儿童在与他人关系中表现出来的行为模式、情感态度和观念以及这些方面随着年龄而发生的变化。社会性发展强调社会化过程、道德发展、与同伴和家庭成员的关系，还涉及婚姻、为人父母、工作、职业角色等。

例如，大家所熟知的印度狼孩的故事，充分说明社会化的重要性，人出生后，如果与社会生活隔绝，缺乏社会文化的熏陶，那将仍然是一个动物性的人；同时也说明个体社会化的必要性，个体不经过社会化，就无法成为一个社会人，社会化是个体走向社会的必要步骤。

0~3岁婴幼儿的社会性发展是在一定社会环境影响下，朝着社会要求的方向不断发展，并逐渐达到这种要求，以取得社会生活适应性的过程。因此，婴幼儿的社会性发展的内容是指婴幼儿在自我意识、人际交往、情绪表达与控制、社会性行为，以及社会性适应等方面的变化过程。通过社会性发展，婴幼儿逐渐掌握社会规范，并且开始适应社会角色。

知识拓展

婴儿期自我意识的发展

婴儿期——婴儿期指从出生到满1岁以前的一段时期。婴儿在这个阶段生长发育特别迅速，是人一生中生长发育最旺盛的阶段。在8个月前婴儿还没有萌发自我意识，只会吃手和吃奶。在1周岁前后，婴儿显示出主体“我”的认知，主要表现：婴儿能把自己与他人分开，如婴儿热衷于扔玩具，让成人拾起，再扔，再拾，反反复复。这就说明，他把自己视为活动主体，并能把自己与他人分开，显示主体自我得到明确的发展。

婴儿期之后，孩子进入幼儿期——幼儿期指婴儿满1周岁至3周岁之前的一段时期。约在2周岁前后，幼儿期具有了人类个体自我意识发展的第一次飞跃，表现为客体自我意识的出现，幼儿开始把自己作为客体来认知。2岁左右的幼儿已经能够意识到自己的独特特征，能从客体（如照片、录像）中认出自己，这表明幼儿已经具有明确的客体我的自我认知。3岁能运用人称代词“你、我、他”称呼自己和他人。

二、婴幼儿社会性发展的特点

（一）婴幼儿自我意识发展的特点

自我意识是对自己及自己与客观世界的关系的一种认识，由知、情、意三方面构成，包括自我理解、自我感觉、自尊自爱、自我控制等。

出生的头几个月婴儿的身体得到快速发育，他们会通过一些动作来接触和了解这个世界，如吃手、看到妈妈会笑、喜欢小玩具等。8个多月时婴儿已经能区分自己的动作和玩具之间的关系，会出现愤怒的情绪，这种情绪能增加婴儿的自我感受和体验。10个月以后婴儿的自主意识开始发展，主要表现为想自己做事，拒绝别人的帮助。11个月婴儿会对镜子里的自己感兴趣。

1岁后幼儿喜欢向别人展示自己；13个月左右，幼儿已经能区分自己和别人，能够在照片中辨别出自己。15个月时幼儿能够把自己作为客体区分，自我意识情绪开始发展，通过言语、姿态、表情等展示自己，渴望他人的关注接纳。1.5岁以后，幼儿能意识到自己努力可以完成一些事。2岁左右的幼儿能用语言来表达自己，渐渐地学会使用第一人称。2~3岁的幼儿约束行为开始发展，开始懂得遵从别人，调整自己的行为。

（二）婴幼儿社会情感发展特点

1. 婴幼儿依恋情感的发展特点 依恋是指婴幼儿和照护人之间亲密的、持续的情绪关系，主要体现在母亲与婴幼儿之间。亲子依恋分为前依恋期、依恋建立期、依恋关系明确期、目的协调的伙伴关系等阶段。婴儿主要是前两个阶段，出生到2个月时，婴儿对所有人都做出反应，不能进行区分，这时的婴幼儿对于接触他的人没有特殊的反应，所以此阶段又叫作无区别的依赖阶段。2~12个月，婴儿能从周围的人中区分出最亲的人，并愿意接近，能忍耐同父母的短暂分离，但会带有伤感的情绪。

2. 婴幼儿道德情感的发展特点 在婴幼儿时期，已经产生了初步的道德情感，如同情心、责任感、互助感等。这个时期的婴幼儿在与成人的交往中，自我意识进一步发展，当受到表扬时，婴幼儿便产生满足、高兴的情感体验，受到批评时会产生内疚、难受的情绪体验。婴幼儿对他人和自己的行为是否符合道德标准产生了最初的体验。

3. 婴幼儿人际交往的发展特点 人际交往主要是亲子关系和同伴关系。亲子关系即父母与子女的关系，这种关系是婴幼儿接触到的第一种人际关系。在婴儿期，母亲是婴儿的主要抚育者，是婴儿生存发育的第一重要人物，因而此时期出现了明显的依恋，形成了专门对母亲的情感联结，而父亲与婴儿的接触时间明显少于母亲，但父亲是婴儿重要的游戏伙伴，是婴儿积极情感满足、社会性人格发展、性别角色正常发展及社交技能提高的重要源泉。婴幼儿的同伴关系是通过相互作用的过程表现出来的，是一个从简单到复杂、从低级到高级、从不熟练到熟练的过程，不同年龄阶段的同伴关系表现出不同的特征。

4. 婴幼儿社会行为、环境、规范认知发展特点 1岁以内的婴儿就有了亲社会行为，满1周岁之前，婴儿就学习通过指和点的姿势来与他人“分享”有趣的物体和事情；1.5岁的幼儿会提供特殊的帮助给有困难的人；1.5~2岁的幼儿会安慰人；3岁的幼儿已经能对别人受到的伤害表现出同情和支持，出现打抱不平的行为，能更好地关心和帮助他人。婴幼儿对社会环境的认知特点表现为由简单到复杂，由近及远，渐渐扩展和深化。

1~3个月的婴儿在交流中，对亲近的人和声音产生反应，从微笑发展到大声笑，情绪愉快。4~6个月的婴儿能注视和学习辨认周围生活环境中的人、物和事。7~12个月的婴儿能够用表情、动作、语言等回应他人。13~18个月的幼儿能尝试用喜、怒、哀、乐行为表达自己的情感，能感知周围生活环境中的花草和树木、人和物，并会指认。19~24个月的幼儿能辨别周围生活环境中的常见物体，对物体形状、冷热、大小、颜色、软硬差别明显的特征有初步的认知体验；经常提醒会与人打招呼，学着在同伴中玩耍、游戏；初步懂得简单是非，学着遵守规则。2~3岁的幼儿在生活中能感知常见的动植物和简单的数，觉察指认颜色、形状、时间（昼夜）、空间（上下、内外）等明显的不同，开始了解人、物、事之间的简单关系，逐渐适应集体生活，愿意亲近老师和同伴，有初步的自我安全保护意识，学习对人有礼貌及不影响别人的活动。

三、婴幼儿社会性行为活动的指导

婴幼儿社会性行为活动的目的是引导他们遵从社会交往规则，了解社会交往技能，从而提高他们的亲社会行为。针对3岁以内的婴幼儿，可以通过适当的、愉快的游戏活动来促进他们助人、合作、分享等亲社会行为的发展。

1. 创设情境，唤起幼儿参与活动的兴趣 要亲切地与婴幼儿交流问候，请家长带婴幼儿围坐在事先备好的活动毯上，随着音乐做热身活动。随后，通过不同的情境引出活动主题，让幼儿在轻松、友好、愉悦的氛围中参与活动。

2. 讲解示范，引导幼儿学习社会行为技能 针对创设的情境，用婴幼儿能听懂的语言，讲解和示范具体的交往技巧，并鼓励婴幼儿观察模仿。例如，当婴幼儿想要加入他人游戏时，可以引导婴幼儿友好地询问：“我能和你们一起玩吗？”“我能跟你一起做这个吗？”当幼儿与他人发生冲突的时候，可以引导幼儿友好地说：“对不起，我让你难受了。”

3. 游戏巩固，引导幼儿运用社会行为技能 当幼儿掌握必要的交往技能之后，可以通过游戏的方式组织幼儿运用所学技能。在运用的过程中，我们应对幼儿的积极表现给予微笑、拥抱或语言肯定等鼓励。

4. 总结评价，引导幼儿学会社会行为技能 以语言或作品展示等方式对幼儿参与活动的情况进行积极评价，鼓励幼儿参与下次活动。

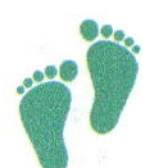

第三节　婴幼儿情感与社会性活动设计

一、婴幼儿情感与社会性活动的设计原则

婴幼儿情感与社会性活动设计是老师有目的、有计划地对婴幼儿施加教育影响，引导婴幼儿积极主动地参与活动，并促进其社会认知、社会情感和社会行动及个性等方面良好发展的过程。俗话说，凡事预则立，目的是一切工作的出发点和落脚点，科学合理地制定目标，可以减少盲目性、偶然性，进一步明确前进的方向。因此，活动目标是开展教育活动的出发点和归宿，它规定活动预期获得的某种效果。有了活动目标，活动的设计和安排、组织与开展才有了一个基本的依据；有了活动目标，活动的内容选择、方法运用、效果评价也有了原则和范围。也可以说活动目标越明确，教育活动过程就越科学，效果就越理想，也就越能有效地促进孩子的身心发育。

婴幼儿社会性活动旨在通过家庭、托育机构的努力，为婴幼儿创设一个合适的环境，促进婴幼儿的情感与社会化，使婴幼儿从出生时的自然个体逐渐转变为一个适应社会生活的社会个体，在此过程中发展自己的社会性。

（一）目标的整体系统性

社会性发展主要由社会认知、社会行为和社会情感组成。社会认知是社会情感、社会行为发展的基础；社会情感是社会性发展的动力因素，有了社会情感才能使社会认知转化为社会行为，这三者是一个统一的整体。因此，在关注婴幼儿社会性发展的时候，这三者是缺一不可的。但有的老师在开展社会性教育的时候，就会忽略掉某些方面，如将参观百货商店的教育目标定为“使孩子知道百货商店里的物品种类及名称，了解几种主要商品用途”，重视社会认知的教育，忽略了社会情感和行为技能的培养。社会性发展主要包括社会认知、社会情感及社会行为技能发展三个方面，三者不可偏废，缺一不可。

（二）目标的针对性

不同的婴幼儿身处的地点不一样，其社会发展的水平也不一样。因此，应该根据婴幼儿的具体发展情况，有针对性地参照婴幼儿社会发展水平目标，确定稍高于其已有水平的目标等级作为该阶段的发展目标，这样才能激发婴幼儿参与活动的愿望，真正促进他们的社会性发展。因此，老师在开展教育前，需要对婴幼儿社会性发育现状进行深入细致的观察了解、调查研究，从实际出发，制定出适合婴幼儿发展水平的活动目标。

（三）目标的具体可操作性

教育目标定得大而空，在活动实施中无从下手，在每个环节中也无法体现，这是老师在开展活动时常常遇到的问题之一。例如，每一次活动都将培养婴幼儿的交往能力列为目标之首，而婴幼儿究竟学到了哪些交往策略却无从说起，致使发展交往能力成了一句空话。鉴于此，我们采用“分饼法”和“宝塔法”两种办法解决这个问题。

1. 分饼法 即将一个大目标分为几个小目标，分别安排在几个月里。例如，针对培养婴幼儿认识自己生活的家庭、社区等社会环境的能力的目标，我们把这一目标分解成“我家都有谁”“我家住哪里”“我家附近的超市”“我家附近的公园”。通过开展这一系列的活动，婴幼儿就能逐渐地、由近及远地认识自己身处的环境。

2. 宝塔法 是将一个大目标分成几个小等级，经过几个月的教育，让婴幼儿循序渐进，每月上一个“小台阶”，最后提高一级水平。例如，发展2~3岁幼儿的交往能力，可分解为让幼儿学会使用简单的礼貌用语，如“谢谢”“再见”等；能与他人进行玩具的交换；教会幼儿加入他人游戏的简单方法，如使用句子“我能和你们一起玩吗”。如此，活动目标制定得越具体，就越有利于实施过程中将目标分解成几个层次，层层深入，使婴幼儿顺利地实现活动目标。

二、婴幼儿情感与社会性活动的内容

托育机构的社会教育内容包括社会认知、社会行为和社会情感这三个方面，但是0~3岁的婴幼儿是情感与社会性逐步发展的过程，通过简化和概括，婴幼儿情感与社会性活动的内容主要包括自我意识、社会交往、社会环境、社会规范，以及社会文化等方面。

（一）自我意识

婴幼儿自我意识教育通过培养婴幼儿的自我认知、自我体验、自我控制和自我保护能力，促进婴幼儿学会自我管理和自我服务，它包括自我认识教育、自我体验教育和自我控制教育。其中婴幼儿自我认识教育主要促使婴幼儿认知自我的年龄、性别、面貌、体型等身体特征，以及兴趣、爱好、能力、性格等心理特征，并在此基础上形成初步、客观、积极的自我评价；婴幼儿自我体验教育主要培养婴幼儿积极的自我体验，如自尊心、自信心等；婴幼儿自我控制教育主要促进婴幼儿学会初步的自我情绪调控和自我行为的调控；婴幼儿自我保护能力即通过自我认知、个性品质、情绪的理解与表达很好地与他人进行沟通以进行自我保护。

（二）社会交往

婴幼儿社会交往教育旨在激发婴幼儿社会交往的意愿，引导婴幼儿学习社会交往技能，培养婴幼儿良好的社会交往行为，主要包括家庭亲子交往、托育机构师幼交往及同伴

交往教育，其中家庭亲子交往教育的主要内容是使婴幼儿认知父母的姓名、职业，从父母为自己所做的事情中体验到父母对自己的关心和爱，培养婴幼儿有事情能够及时地向父母进行求助与倾诉，形成对父母的依恋和信任感。在托育机构中师幼交往教育的主要内容是指导婴幼儿了解老师的姓名、工作内容，使婴幼儿体验到老师对自己的关心爱护，建立良好的师幼关系，引导婴幼儿有问题能主动寻求老师的指导和帮助。婴幼儿之间的同伴交往教育主要是帮助他们认识、了解同伴，引导婴幼儿善于与同伴交往，能够掌握几种基本的社会交往技能，如合作、分享、交流、助人等，指导婴幼儿能够采取有效的方法解决交往冲突。

（三）社会环境

婴幼儿社会环境教育是通过日常教育以及幼儿与周围社会环境中不同人与物的接触，使婴幼儿获得社会环境的基本认识，体验与社会环境的和谐关系，进而能够与社会环境进行良性互动的教育。具体包括家庭教育、托育机构教育、社区教育，以及家乡与社会环境等几个方面的环境教育。婴幼儿社会环境教育的内容，不仅包括认识物质形态的环境（如社区中的一些活动场所、活动设施等），体验心理形态的环境（如家庭的温暖、托育机构的欢乐、家庭和祖国的美好等），还包括通过积极的态度和行为取得与环境的和谐（如保护环境、孝敬长辈等）。

（四）社会规范

婴幼儿社会规范教育是促使婴幼儿认识社会规范内容、体验社会规范价值并形成遵守社会规范的能力与习惯的教育。主要包括生活规范教育、活动规范教育、谨慎（安全）规范教育、道德规范教育等。其中，生活规范教育主要包括日常生活规范教育（卫生规则、作息规则的教育）和社会生活规范的教育（公共生活中的各种行为规范的教育）；活动规范教育主要包括学习、游戏和其他集体活动中的规范教育；谨慎（安全）规范教育包括交通安全规范、用电用火安全、交往规范、远离危险地及危险品等方面的教育。道德规范教育包括文明礼貌、诚实守信、勤俭节约，以及初步的责任感、爱憎感和是非观等方面的教育。

（五）社会文化

婴幼儿社会文化教育是指通过让幼儿认识社会生活中的风土人情、民间艺术、传统节日、价值观念，初步形成对本民族文化的归属感，培养婴幼儿以客观、开放、包容的态度认识外来文化，形成初步的文化认知感与判断力的教育。婴幼儿社会文化教育的内容主要包括认识和体验民族文化（如风俗、服饰、特产、建筑、名胜、历史、价值、观念等）。

三、婴幼儿情感与社会性活动的方法

（一）谈话法

谈话法是婴幼儿社会教育中最常用的一种方法。家长与婴幼儿、托育老师与婴幼儿通过对话的方式对他们进行日常的社会教育。在婴幼儿社会教育中运用谈话法应注意以下几个问题。

（1）问题要具有启发性和重要性。一个具有启发性的问题要具备两个条件，一是婴幼儿关于该问题的经验基础及问题源自婴幼儿生活经验范围；二是问题具有适当的难度及婴幼儿通过思考、推理、判断能够得出问题的结论和答案，同时应当是婴幼儿普遍关注的问题，只有这样的问题，婴幼儿才愿意思考和回答。

（2）谈话要逐步深入，从简单到复杂，逐步引导婴幼儿形成更全面、更准确的认识。

（3）谈话结束时要进行总结。总结时可以是家长或老师进行，也可以是幼儿进行。

（二）讲解法

讲解法是家长或老师用口头语言对社会教育内容进行系统和生动的解释，使婴幼儿系统地理解社会教育的内容和意义，掌握正确的行为准则和方法，便于指导其行为的教育方法。在婴幼儿社会教育中使用讲解法应注意以下几点。

（1）讲解的实用性。家长或老师应尽量避免无用的语言，讲解的主题不应该是婴幼儿还不了解、无法实践或体验、难以理解的内容。

（2）讲解的直观性。由于婴幼儿思维的具体形象性，对一些观念性、概括性的内容很难理解，所以在婴幼儿的社会教育中，应具体、直观、形象、简单明了地对他们进行讲解，将抽象的观念具体化，以利于婴幼儿理解和接受。

（3）讲解的趣味性。由于婴幼儿的无意注意占主导地位，难以倾听枯燥无味的讲解。因此，在婴幼儿社会教育中，讲解应清晰、简练、准确、明白、易懂，要生动有趣，有感染力，语速要适中，音量要适宜，声音要抑扬顿挫，要赋予角色的变化等。

（三）行为练习法

行为练习法又称实践法，是一种通过真实的生活事件或生活情景，培养婴幼儿基本的社会生活技能，增强婴幼儿的相关知识，组织婴幼儿按照正确的社会行为规范进行实践，激发婴幼儿社会情感的方法。它能使婴幼儿掌握正确的社会行为规范，形成和巩固婴幼儿良好的社会行为习惯。在婴幼儿社会教育中运用行为练习法应注意以下几个问题。

（1）明确行为练习的目的，做好周密的计划和严密的组织工作。

（2）行为练习内容应该是婴幼儿在生活中经常接触且感兴趣、容易操作和接受的内容，如洗袜子、剥豆子、挑菜、擦桌椅、收拾玩具、整理生活用品等。

（3）行为练习要循序渐进，反复进行，以达到形成各种良好习惯的效果。

（4）无论以何种形式进行行为练习，都要注意激发婴幼儿练习的愿望，重在让婴幼儿参与活动并发挥其主动性。至于结果如何，在活动过程中无须强求。家长或老师应该为婴幼儿提供充分练习的机会，要让婴幼儿在练习中体验到快乐，以达到练习的目的和效果。

（5）实践结束后要为婴幼儿提供享受行为、练习成果的机会，如将洗好的袜子带回家给父母看，品尝自己包的饺子或汤圆等，让婴幼儿体验成就感。

（四）角色扮演法

角色扮演法即通过创设现实社会中的特定情景，让婴幼儿扮演一定的社会角色，使婴幼儿表现出与这些角色一致且符合这些角色规范的社会行为，并在此过程中了解角色间的关系，理解他人的感受，获取行为经验，从而掌握自己所扮演的角色应遵循的社会行为规范和道德要求的一种方法。婴幼儿在角色扮演过程中，往往是十分投入的，能够体验到角色应有的情感，学习相应的行为模式。如婴幼儿日常的娃娃家活动，如扮演妈妈在厨房做饭的活动，医生给病人看病的活动等，在使用角色扮演这一教育方法时应注意以下几个问题：

（1）围绕教育目标创设情景，力求真实生动，有人、景、道具，服装应简单、有代表性。

（2）所选角色应符合婴幼儿的接受水平和表演技能。

（3）注意角色行为的练习和锻炼，学习和锻炼可用提问和教具等多种方式，引导幼儿学习角色的行为规范。

（五）观察学习法

观察学习法是指婴幼儿通过模仿或者观察，直接习得新的行为模式，获得相应的社会行为的方法。这种方法可以使婴幼儿立即学习新的行为模式，激发婴幼儿将隐藏在内心的行为倾向转化为外部的实际行动。婴幼儿可以通过对新的行为模式的模仿、改变，消除或强化个体原有的行为模式。

观察学习法通常有两种模式。一是通过观察模仿直接学习新的行为模式；二是婴幼儿通过观察示范者——榜样的强化力量及其引起的行为变化来改变自己的行为，即幼儿看到他人的行为受到奖励，就会增强与他人出现相同行为的欲望，而看到他人的行为受到惩罚，则会削弱或抑制产生这种有可能受惩罚行为的欲望。运用观察学习法应注意以下几个问题。

（1）要根据婴幼儿社会性发展的水平和特点，设计提供容易引起婴幼儿关注的行为模式。

（2）给婴幼儿记忆思考的机会模式出现，停留时间长一些，行为展示清楚一些。

（3）提供让婴幼儿实践观察到的行为模式。

（4）引导婴幼儿对良好的模式行为给予积极的态度与评价，对不良行为进行改变与消除。

（六）强化评价法

强化评价法是在婴幼儿社会教育中，利用他人对婴幼儿行为的评价，强化婴幼儿的积极行为，抵制婴幼儿的消极行为，直至最后消退的一种教育方法。强化评价法可以分为两种，一种是肯定性评价，如表扬、鼓励、奖励等；另一种是否定性评价，如警告、规劝、批评等。在运用强化评价法时应注意以下几个问题。

（1）实施肯定性评价。应注意以精神奖励为主，物质奖励为辅，注意强化内容和形式的多样性，评价注意个体差异，注意适量性，避免消极影响。

（2）实施否定评价应注意。要适时适当，批评时对事不对人，批评与表扬相结合，禁止恐吓、辱骂和体罚。

四、婴幼儿情感与社会性活动的实施途径

婴幼儿情感与社会性的发展是一个综合性长期的过程，他们从一个自然人向一个社会人转变，会受到多方面多种因素的影响，因此对婴幼儿进行社会性教育的实施途径也是多方面的，具体概括起来有以下三大方面：一是家庭社会性发展教育，二是早教机构的教育，三是托育机构的社会性教育。

（一）家庭中的情感与社会性发展教育

家庭是婴幼儿情感与社会性发展最早的也是最持久的生活环境，家庭通过为婴幼儿提供游戏和探索外界事物的机会，让他们认识外部的物理世界。同时，家庭也孕育着独特的人际关系，婴幼儿与父母、兄弟姐妹间的依恋关系往往是终身的，而这种家庭内部关系也是婴幼儿在更为广阔的社会环境中人际关系形成和发展的模型。在家庭中婴幼儿经历了最早的社会冲突，如父母的管教、兄弟姐妹的争执，让婴幼儿理解了服从与合作的重要性，同时也给了他们学习如何影响他人行为的机会。总的来说，家庭是婴幼儿学习语言技能，以及社会和道德评价准则的最早的环境。

父母在与婴幼儿每日的家庭生活中，通过对婴幼儿衣食住行的照料、语言的交流、情感的互动等，能有效地促进婴幼儿的自我认识、性别认识及各类规范的认知，有利于婴幼儿亲社会行为、适应行为的出现。可以这么说，在家庭中通过与父母之间的交往，婴幼儿的社会性得到了稳定发展的基础。倘若家庭中父母没能给孩子营造一个良好的人际交流环境，缺乏正确的教养方式，婴儿的社会性发展将受到影响。

例如，在家庭养育孩子的过程中，父母应当丰富自己的面部表情，积极回应婴幼儿的要求和需求；要让婴幼儿建立起安全的依恋，父母最关键的是要有敏感性。当婴幼儿处于不适状态时，父母或其他养育者要能及时帮忙解除不适；面对婴幼儿时，应经常面露微笑或同他玩耍；当婴儿发出“咿咿呀呀”之声时，能积极回应。通过这些行为，使婴幼儿感觉到父母等养育者，能减轻自己的痛苦，与自己共享快乐，由此，婴幼儿就会对这样的依恋对象产生信任感。

（二）早教机构中的情感与社会性发展教育

早教机构是指以0~3岁婴幼儿及其家长为教育服务对象、以亲子集教活动为载体的教育场所。早教机构所实施的早教指导课程是以亲子同步成长为目的，围绕0~3岁婴幼儿心理发展的特点和核心能力，在“成熟与发展、教育与生活、观察与课程、家长教育与孩子发展、课堂指导和家庭延伸、集体教育与个别化指导相辅相成，融会贯通”的思路指导下，按照系统观建构的领域课程。早教机构的课程可以将社会性发展融入其中，设计专门促进婴幼儿社会性发展的相关游戏活动，一方面可以促进婴幼儿社会性的发展；另一方面也为家长提供了指导的实例，便于家长了解婴幼儿社会性发展水平与特点，同时知道在家庭中应该如何开展指导，以有利于婴幼儿情感理解与表达能力、人际交往能力、社会适应能力等的发展。

（三）托育机构中的社会性发展教育

1. 在托幼园开展专门的社会性领域的集教活动，促进婴幼儿的社会性发展　一部分1.5~3岁的幼儿会进入托育机构，开始整日的集体生活。托育机构会有目的、有计划、有组织地对这些幼儿进行社会教育的活动，根据幼儿的身心发育规律和年龄特点，选择合适的教育活动内容，采取正确有效的教育方法。例如，针对新入园的幼儿在处理自己与环境关系时，不能适应托育机构生活的情况，老师会设计“我爱托幼园”“托幼园是我家”的集教活动，而针对幼儿在处理与他人关系时的人际交往方面的问题，老师会设计“朋友你好”或“和好朋友一起分享”等诸如此类的活动。

2. 在托幼园一日生活中进行社会性发展教育　幼儿在托幼园的一日生活中蕴藏着丰富的社会性发展教育机会，来园、离园环节的人际礼貌交流，可以帮助幼儿学习如何礼貌友好地与他人打招呼与道别，在园所洗手、进餐、午睡等生活环节中，幼儿可以习得较好的自我服务与管理能力，增进自我适应社会的能力。同时，与同伴的游戏环节，为幼儿提供了最佳的与同伴交往的环境，在此环境中，幼儿可学会如何解决纠纷、处理矛盾，逐步习得妥协、轮流及交换等一系列的交往能力。

第四节 婴幼儿不同阶段的情感与社会性活动方案

处于不同年龄阶段的婴幼儿，其社会性发展的水平存在比较显著的差异。如1岁与1.5岁幼儿与同伴交往的水平不一致。1岁幼儿之间几乎没有同伴交往行为，而1.5岁的幼儿已经能进行简单交往了。因此，应该关注婴幼儿各个阶段情感与社会性发展的特点。

一、0~3个月婴儿的情感与社会性活动

0~3个月的婴儿社会性发展尚处于萌芽阶段，对于自我和他人的区分还不是很清晰。虽然在这一阶段没有形成真正意义的依恋，但他们也借由生理性情绪向成人表达自己的生理需要，并借由一些简单的行为回应成人的声音，建立并维持与父母的关系。

【活动】

听妈妈唱歌

1.活动目的

（1）婴儿听到母亲的歌声会安静下来。

（2）活动中让婴儿感受妈妈歌声的动听，增进亲子感情。

2.活动准备　安静的环境，音乐《摇篮曲》。

3.活动过程　让婴儿躺在柔软的毯子上，妈妈和婴儿说话、唱歌。可唱“摇啊摇，摇啊摇，摇到外婆桥”或“我对妈妈哈哈笑，妈妈对我哈哈笑”等简单轻柔的儿歌。

（1）妈妈抱着婴儿，对婴儿说：“宝宝，妈妈唱歌给你听。”

（2）妈妈唱《摇篮曲》或舒缓的歌曲，如果婴儿表现出愉快的情绪，妈妈可以反复唱同一首歌。

（3）妈妈边唱边轻轻地、有节奏地拍或晃动婴儿。

4.活动指导

（1）妈妈唱歌时要注意与婴儿有眼神、表情的交流。

（2）如果婴儿吵闹，可更换歌曲或停止唱歌；如果婴儿情绪愉悦，妈妈可反复唱歌，并根据儿歌内容做简单的动作。

二、4～6个月婴儿的情感与社会性活动

4~6个月的婴儿有了自我知觉，也因此有了一定的主动性，对自身的控制性和自我意识加强，同时对情绪有了进一步的分化，外界刺激能激发他们更为复杂的情绪感受，并能够通过不同方式做出回应。而婴儿也逐渐发现自己的一些行为会引起他人的愉悦情绪，尝试通过自己的微笑或欢快的叫声吸引他人的注意。

面对这一阶段婴儿更为复杂的情绪变化，家长需要有更多细微观察与注意。在有需要时及时进行温馨交流与安抚。当注意到婴儿情绪变化带来的不适时，可以用温和简单的话语和他们交流。

【活动】

斗斗飞

1.活动目的

（1）通过爸爸或妈妈的逗引，婴儿会出现微笑、摆动身体等反应。

（2）通过游戏激发婴儿愉悦的情绪，促进手眼协调的能力的发展。

2.活动准备　仿真娃娃。

3.活动过程

（1）爸爸或妈妈抱着婴儿，拿起婴儿的小手，对他说“宝宝，这是宝宝的手，这是宝宝的手指”。

（2）爸爸或妈妈握住婴儿的两根食指，边念儿歌“斗斗虫，斗斗虫，虫虫斗斗飞”，边做并拢和分开的动作。每念一个字时食指尖对碰一次，念到“飞”时，食指分开。

（3）游戏可重复做几次。

4.活动指导

（1）父母要用夸张的语言和动作做“飞”的动作，逗引婴儿。

（2）对婴儿来说，两只手指尖相碰的难度很大，父母要耐心引导。

三、7～9个月婴儿的情感与社会性活动

这个时期婴儿的情绪反应不再仅仅局限于生理需要，而是更多地伴随着心理发展而产生，而且，婴儿的快乐不再只是因为生理需求的满足，而是更多的因为与成人交流互动，以及自主探索的体验感。特别值得一提的是，这一阶段的婴儿已经学会了情绪的社会参照，即根据他人的情绪反应来处理自己不确定的情况。在社会性发展上，伴随着各项能力

的发育及活动范围的逐渐扩大，其社会性也进一步发展，表现为婴儿与成人的交流逐渐变得更加主动，能够通过语言或者动作来配合与成人的交往等。

针对7~9个月婴儿的特点及教养要求，老师展开引导时，可参照如下的方式。

例如，为加强婴儿对社会交往中各类情绪符号的理解，老师可组织家长开展多种表情游戏，如请家长示范开心、惊讶、生气等表情时，一起配合相应的语言指令和解释，引导婴儿观察。再如，在鼓励婴儿之间相互观察，并有意识地引导婴儿发出友好交往的行为时，可以鼓励婴儿与同伴打招呼、握同伴的手、轻轻地拥抱等。

【活动】

抱抱

1.活动目的

（1）通过活动引导婴儿体验亲子情感。

（2）尝试理解成人的语言，并意识到“抱”“妈妈”“宝宝”等语言的意义。

2.活动准备　袋鼠妈妈和小袋鼠的图片，音乐《袋鼠妈妈》。

3.活动过程

（1）爸爸或妈妈对着婴儿说：“抱抱”，同时张开双臂，并主动拉起婴儿的手，让婴儿伸出双手。

（2）爸爸或妈妈向婴儿拍手，“宝宝，爸爸（妈妈）抱一抱”，引导婴儿张开双臂。

（3）爸爸或妈妈问婴儿：“宝宝，要抱吗？”引导婴儿注视成人的口型，并模仿发音“抱”，同时伸手表示拥抱。

（4）爸爸或妈妈抱着婴儿跟着音乐做上下弹颠、转圈、拥抱等动作。

4.活动指导

（1）当婴儿不能理解时，边说边帮助婴儿张开双臂、拥抱。

（2）当婴儿身体前倾或张开双臂时，表示已经理解父母的意思，爸爸或妈妈要及时给予回应鼓励。

（3）整个活动过程中，父母应注意观察婴儿的情绪，要在婴儿心情愉悦时进行。

四、10~12个月婴儿的情感与社会性活动

10~12个月的婴儿，情绪已从基本情绪为重向社会情绪并重的方向发展，并且出现了明显的依恋情结，如不愿意离开妈妈、情绪会随着妈妈而波动等。婴儿更加愿意与熟悉的成

人交往，对于陌生人、怪模样的物体反应很大，表现出害怕。婴儿的自我概念更加成熟，喜欢受到表扬，会为了得到表扬去做成人赞赏的事情和动作，在社会性方面表现出很大的进步。

针对10~12个月婴儿上述特点及教养要求，老师可以从如下方面进行引导。例如，活动中增加亲子交流，引导婴儿注意周围人的表情，理解成人肯定或否定的表情语言。再如，可以选择简单的游戏，如拍手游戏、躲猫猫等，多与婴儿玩重复的游戏。

【活动】

小动物，你好

1.活动目的

（1）通过故事情景帮助婴儿理解“你好”“谢谢”等简单的语言。

（2）能在父母的鼓励下学做“你好”“谢谢”等动作。

2.活动准备　动物手偶，音乐《你好》。

3.活动过程

（1）播放音乐，父母将手偶（太阳公公和小鸟）发给婴儿，并引导婴儿用动作表示“谢谢”。

（2）父母边讲故事边演示小动物，引导婴儿用动作表示“你好”。

（3）父母带着婴儿与同伴打招呼。

4.活动指导

（1）父母要有耐心，语言和动作同步进行，帮助婴儿理解语言对应的意义。

（2）家中来客人时，父母可帮助婴儿用挥手、招手等动作向别人打招呼，学说“谢谢”“你好”。

五、13~18个月幼儿的情感与社会性活动

13~18个月的幼儿情绪更加丰富，表达形式多样，如会用动作表示自己的情绪，高兴时会拍手，摆手表示不要。自主意识增强，如对镜中的自己很感兴趣，听到自己的名字会有意识地回应成人，有自己很想要的东西和喜欢做的事情。13~18个月的幼儿社会性发展的主要特点是亲子依恋中的依恋行为更加清晰鲜明，一方面，对主要照料者形成稳定的情感依恋关系，特别需要父母的陪伴；另一方面，自我意识更加强烈，会开始反抗，对自己的物品有强烈的占有欲。

针对13~18个月幼儿的上述特点，教育者需多陪伴他们，利用亲子游戏、亲子阅读等多种方式增进亲子感情，积极回应幼儿的需求，多抚摸、拥抱幼儿，充分满足其安全感的需要，引导幼儿认识自己的身体、名字、所有物等，增强其自我意识。

【活动】

过家家

1.活动目的

（1）通过“过家家”游戏，引导幼儿模仿成人的动作和语言。

（2）体验不同的角色，增进亲子之间的情感。

2.活动准备 布娃娃、玩具、电话、书、小被子。

3.活动过程

（1）父母说：“宝宝，我们的娃娃要睡觉啦，我们一起哄娃娃，睡觉吧。”

（2）父母示范抱布娃娃的动作，动作要缓慢轻柔。

（3）幼儿抱布娃娃，跟着音乐哄布娃娃睡觉。

（4）引导幼儿轻轻放下布娃娃，为布娃娃盖上小被子。

（5）父母将电话机摆放在幼儿面前，随意拨弄电话号码，对着话筒说：“喂，你好呀……，宝宝在睡觉，我们小点声。”并做出“嘘”的动作。

（6）引导幼儿一起模仿打电话的动作。

4.活动指导

（1）当幼儿出现给布娃娃装扮的行为，成人要给予宝宝及时的帮助和表扬，让幼儿体验游戏的快乐。

（2）此月龄的幼儿注意力已逐渐从关注自身转向关注身边的人，出现装扮行为是幼儿社会性发展的最佳契机，还可以引导幼儿模仿给布娃娃喂食，和布娃娃挥手再见等情景。

六、19～24个月幼儿的情感与社会性活动

19~24个月的幼儿在情绪方面的表现是：能够感受到成人高兴、生气等不同情绪，同时也学会了处理别人情绪的能力。情绪表达方面，开始表现出对爸爸的喜爱。19~24个月的幼儿社会性发展的关键是学习发起并维持与他人交往的技巧，主动发起与成人的互动，愿意做家长喜欢的事情，以依恋对象为安全基地，探索陌生的环境，有更多观察和模仿同伴的行为，理解并会说“请”“谢谢”“不客气”等礼貌用语，理解并遵守轮流的规则。

针对19~24个月幼儿上述特点，可以让幼儿帮父母一起做事，如尝试将玩具放回原处，多提供幼儿和爸爸一起游戏的机会和时间，多提供机会引导其玩角色游戏，如假装给娃娃喂饭、穿衣，尽量为幼儿建立规律的、固定的日常作息方式，为幼儿设定一定的规则，并督促其遵守并执行规则。

【活动】

小熊生病了

1.活动目的

（1）让幼儿初步了解看望他人的方式。

（2）培养婴幼儿懂得关心别人的能力。

2.活动准备 小熊玩具。

3.活动过程

（1）妈妈把小熊玩具放在幼儿的小床上，说："小熊生病了，宝宝去看望他吧。"

（2）妈妈可以先示意幼儿："去看望病人，我们给他带些什么东西呢？"

（3）到了小熊的小床前，看幼儿对小熊说些什么，妈妈可以代替小熊和幼儿互动、交流。

4.活动指导

（1）可以让幼儿自己想一想，看望生病的小熊应带什么礼物，从中可以使幼儿懂得一定的礼仪，同时懂得关心别人。

（2）当幼儿提出自己的想法时，妈妈应给予正确的指导，以便丰富幼儿的生活经验。

（3）如果平时爸爸妈妈、爷爷奶奶等亲人生病了，其他的成员都可以引导幼儿学会问候，包括告诉幼儿病人是哪里不舒服。

七、25～30个月幼儿的情感与社会性活动

进入2岁以后，幼儿身心各个方面稳定发育。在情感与社会性方面，自我意识开始萌芽，掌握代词"我"是自我意识萌芽的重要标志，知道"我"和他人的区别，在言语上逐渐分清"你""我"。最初的独立性出现，进入人生"第一反抗期"，喜欢说"不"，按照自己的想法行事，随着语言能力的发展，喜欢和同龄伙伴及熟悉的成人交往，主动用身体动作或行为作为交往的手段，表达自己愿意与同伴游戏的愿望等。在交往中带有明显的自我中心倾向，常以满足自己需要为准则与他人交往。

25~30个月幼儿主要的特点：①有简单的是非观念，如知道打人、咬人，抓人不好。②会发脾气，常用"不"表示独立。③知道自己的全名，会用"我"来表示自己。④和同伴一起玩简单的游戏，会相互模仿，有模糊的角色扮演意识，初步意识他人的情绪，开始表达自己的情感。

【活动】

送玩具回家

1.活动目的

（1）送玩具回家的过程中，帮助幼儿辨别每一个玩具的明显特征。

（2）让幼儿学着如何把玩具送回家。

2.活动准备　玩具小汽车、皮球、洋娃娃，以及对应的收纳箱。

3.活动过程

（1）家长出示小皮球，边拍球边说：“皮球圆圆，拍拍拍”，引导幼儿模仿拍皮球的动作，告诉幼儿皮球是圆的，并滚动皮球，让幼儿去找皮球。

（2）家长出示小汽车，引导幼儿说：“小汽车，嘀嘀嘀”，模仿开车的动作，并把汽车推出去，让幼儿去找小汽车。

（3）家长出示洋娃娃，并问幼儿：“让娃娃坐一坐宝贝的小汽车可以吗？”

（4）让幼儿和玩具玩捉迷藏的游戏，把玩具藏在家里的某个地方，让幼儿根据家长提供的名称去寻找对应的玩具，找到后引导幼儿说出玩具的名称。

（5）家长可以说：“玩具玩累了，我们把这些玩具快快送回家吧。”引导幼儿把玩具送回对应的收纳箱。

4.活动指导

（1）进行游戏的时候，提供的玩具选择不要太多，3~5个为宜。

（2）游戏环节可在整体环节上，根据幼儿的情况随机修改部分情节，让幼儿养成玩耍完毕整理玩具的好习惯。

八、31~36个月幼儿的情感与社会性活动

随着月龄的增长，31~36个月幼儿各方面发育表现出连续性和阶段性。在情感与社会性方面，个性特征开始萌芽，在先天气质类型及与周围人的相互交往中，幼儿有了较明显的个性特征，情绪情感越来越丰富，表现出许多复杂的情绪情感，如害羞、内疚、羡慕、骄傲等，情绪控制能力开始发展。随着言语和心理活动有意性的发展，幼儿逐渐能调节自己的情绪及外部表现。

所以，31~36个月幼儿的特点主要有：①清楚地知道自己是男孩还是女孩；②能和同龄幼儿分享，如把玩具分给别人；③害怕黑暗和动物；④兄弟姐妹或同伴之间会进行比赛，对成功表现出高兴的情绪，对失败表现出沮丧的情绪；⑤大吵大闹和发脾气已不常见，且持续时间短，开始能够慢慢控制自己的情绪；⑥开始对故事里的人物投入感情，表达同

情；⑦不愿改变养成的生活习惯。

【活动】

给亲人留一份

1.活动目的

（1）在日常生活中培养幼儿关心家人的好品质。

（2）使幼儿懂得关心家人，为幼儿与别人友好相处奠定一定的基础。

2.活动准备　幼儿喜欢的食物。

3.活动过程

（1）选择一个爸爸不回家吃饭的时间，做一顿丰盛的餐点。

（2）对幼儿说："今天爸爸不能回家吃饭了，我们为爸爸留出一些饭菜，等爸爸回来了再吃，好吗？"

（3）和幼儿一起拿着碗，把爸爸的饭菜单独装好，放进冰箱，提醒幼儿记得在爸爸回来时告诉他。

（4）和幼儿愉快地共进晚餐。

（5）等爸爸回来后，记得提醒幼儿告诉爸爸，今天给爸爸留了饭菜，即使爸爸吃过晚饭，也要再吃一点，并给幼儿一定的精神鼓励。

4.活动指导

（1）可以邀请别的小朋友到自己家玩，给幼儿拿出他平时喜欢的食物，让幼儿懂得分享。

（2）平时多带幼儿和同龄的小朋友在一起，为幼儿创造和同伴交往的环境。

附1　0~3岁婴幼儿社会行为发展评估指标

年龄	社会行为	社会适应性	自我意识
0~3个月	（1）当看到人的面部表情时活动减少 （2）哭闹时听到妈妈的呼唤声会安静 （3）逗引时出现动嘴巴、伸舌头、微笑等情绪表现 （4）2~3个月时哭的时间少，哭声分化 （5）当他人对着婴儿微笑时，婴儿也会微笑	（1）看见最主要的看护者会笑 （2）自发微笑迎人，看见人会手舞足蹈表示欢迎 （3）吃母乳的婴儿，只要用固定的姿势将他抱起，他就会寻找奶头 （4）婴儿在对他讲话或被抱着时表现安静 （5）对婴儿哼出愉快的节拍，轻轻摇晃婴儿，婴儿会比较愉悦	婴儿不断重复肢体动作

续表

年龄	社会行为	社会适应性	自我意识
4~6个月	（1）听到周围或电视上有婴幼儿的声音会转头寻找 （2）看到妈妈伸出两手，期待抱抱 （3）妈妈在身边表现生气或愤怒时，婴儿会哭	（1）用奶瓶吃奶时，会主动抓住奶瓶 （2）在陌生的环境中表现不安 （3）见到陌生人会躲避 （4）能够分辨出妈妈和其他养育者	（1）拿走正在玩的玩具时，婴儿会表示反对 （2）会对镜子中的影像微笑，伸手拍镜子 （3）在婴儿看得见的地方喊他的名字，会寻找声音的来源
7~9个月	（1）懂得成人的面部表情，受责骂或不高兴时会哭 （2）会挥手说再见，招手欢迎 （3）会注视、伸手去接触另一名婴幼儿 （4）喜欢交接类游戏，会非常激动地笑 （5）表现出喜爱家庭成员、要求熟悉的成人抱自己	（1）对陌生人表现出情绪不稳定，表现忧虑 （2）可以在成人的帮助下扶着水杯喝水	（1）当玩具被拿走时会激烈反抗 （2）通过面部表情和动作传达需要 （3）当成人禁止做某件事时，能够立刻停下
10~12个月	（1）会模仿照料娃娃，如拍拍娃娃、喂饭等 （2）经常模仿成人的举动 （3）服从简单的指令 （4）成人帮助婴儿时他会主动配合 （5）听到表扬时会重复刚才的动作 （6）哭闹时容易被妈妈安慰 （7）知道妈妈要离开时会哭，并寻找妈妈 （8）与同伴一起玩玩具时，有对物品的共同注意	看见陌生人会焦虑、害怕	正在做的事情被禁止或打断，会很激烈地表达不满
13~18个月	（1）经提示会说“谢谢”等礼貌用语 （2）与小朋友一起玩时经常为争夺玩具发生冲突 （3）开始理解并遵从成人的准则和规范 （4）知道妈妈要离开时会哭，并寻找妈妈	（1）会依赖自我安慰的东西，如毛绒玩具等 （2）会对陌生人表示新奇 （3）看见陌生人会焦虑、害怕	（1）能在镜子中辨认自己，并叫出自己的名字 （2）能够指认鼻子、眼睛等五官中的2~3个或全部 （3）能够听从劝阻

续表

年龄	社会行为	社会适应性	自我意识
19~24个月	（1）不愿把东西给别人，知道这是“我的” （2）交际性增强，较少表现出不友好和敌意 （3）会帮忙做事，如收拾玩具等 （4）游戏时模仿父母动作 （5）较为听从母亲的指示，会为让母亲高兴而听话	（1）能够融入陌生环境 （2）有一定的自理能力，可以自己穿脱衣服	（1）别人提到幼儿的名字时能够意识到在谈论自己 （2）可以从一堆照片中辨认出自己的照片 （3）较为偏爱自己所属性别对应的玩具和游戏
25~30个月	（1）能够主动帮助同伴 （2）模仿家长的行为，看到家长做什么，也要去做 （3）与同伴的交往增加，交往中会护着自己的东西 （4）主动表达自己的需求，说出自己想要的东西 （5）同伴交往中会出现一定的合作行为 （6）能够主动发起同伴交往	（1）能自己穿衣服 （2）不再怕生，能很快适应新环境	（1）有一定的自我控制能力，能遵从一定的规则 （2）能从一堆照片中挑出自己的照片
31~36个月	（1）能够理解简单的游戏规则 （2）乐于和其他幼儿一起游戏，并能够不打扰其他幼儿 （3）知道如何排队，并耐心等待 （4）开始学习和同龄同伴分享玩具 （5）能遵从简单的行为规则，并养成习惯	（1）能够自己穿衣、收拾玩具 （2）能主动和陌生人打招呼 （3）能帮助妈妈做简单的家务	（1）开始能够正确地表达失望的情绪，有一定的自我控制能力 （2）能区分自己和他人的性别

附2　0~3岁婴幼儿情感与社会性活动训练

（1）通过查阅图书、网络搜索等方式，任选0~36个月之间任一月龄婴幼儿试着编制适合该月龄婴幼儿的社会性活动，包含活动目的、活动准备、活动过程、活动指导。

（2）通过电话访问、走访园所等途径，了解本地 0~3 岁婴幼儿教育的托育机构或早教机构有关情感与社会性活动都有哪些。

讨论与思考

社会情感是指幼儿在社会生活、社会交往中的情感体验。包括积极情感、情绪表达和控制、依恋感、愉快感，这些是人类所特有的。婴幼儿的社会情感主要包括道德感、理智感和美感三个方面。

社会性是指生物作为社会的一员，在活动时，所表现出的有利于社会发展的特性，如分享、合作、助人等倾向性。0~3岁婴幼儿的社会性发展则是指婴幼儿在自我意识、人际交往、情绪表达与控制、社会性行为，以及社会性适应等方面的变化过程。通过社会性发展，婴幼儿逐渐掌握社会规范，并且开始适应社会角色。

情感社会性发展是幼儿健全发展的重要组成部分，促进幼儿情感与社会性发展已经成为现代教育的最重要目标。婴幼儿期是情感与社会性发展的重要时期，是婴幼儿未来发展的重要基础。

婴幼儿情感与社会活动设计的目标原则：整体系统性、针对性、具体可操作性。

婴幼儿情感与社会教育的内容主要包括自我意识、人际交往、情绪表达与控制、社会性行为，以及社会性适应等方面。

扫码看同步练习

第七章 婴幼儿艺术活动设计与指导

学习目标

1. 了解0~3岁婴幼儿艺术（音乐、美术）活动的特点、意义。

2. 掌握音乐、美术活动设计的目标与主要内容。

3. 能够根据婴幼儿音乐、美术活动的目标和内容，合理设计与组织音乐、美术活动。

4. 体验婴幼儿音乐、美术活动的魅力和乐趣，增强音乐、美术审美能力和婴幼儿对音乐、美术活动的喜爱，激发婴幼儿对音乐、美术活动的兴趣。

情景导入

小米豆刚满1岁，可爱活泼，妈妈发现最近小米豆在吃饭的时候喜欢用勺子敲打盘子，妈妈告诫她，要好好吃饭，不可以敲打餐具，但是小米豆却执意敲打，并且在听到敲打的声音时，还总是高兴地大笑。

任务：你认为小米豆为什么喜欢敲打餐具？妈妈制止小米豆的做法对吗？

原因分析：0~3岁婴幼儿正处于听觉发育的关键期。当婴幼儿听到不同器皿发出的声音时，会把它认作我们大人所说的音乐，这时他们常常会高兴地大笑、拍手、跳跃，不同的响声会激起婴幼儿愉快的情绪情感体验。此时作为家长应该正确引导他们，在婴幼儿早期进行音乐启蒙是完全符合婴幼儿身心健康发育需要的。

第一节　婴幼儿音乐活动设计与指导

一、婴幼儿音乐发展特点

婴儿1个月时就已经具有了分辨不同频率声音的能力，3~4个月大的婴儿开始会发出“咕咕”声和有目的的声音，5个月的婴儿对旋律的节奏能显示其敏锐度，6个月时婴儿能成功地配对出特殊的音调。1岁前的婴儿主要处在声音传感时期，喜欢做重复性的动作，身体动作和面部表情的反应更容易出现模仿。婴儿的感官尚未完全启发，因此音乐活动主要以“听”为主。

1~2岁的幼儿能识别出不同的声音，并能制造出不同的声音，对节奏或旋律性强的音乐能明显地做出反应。此时幼儿开始学习说话、走路，因此可以拓宽幼儿参与音乐活动的方式。幼儿喜欢节奏鲜明、短小活泼的乐曲，会随着音乐节拍跟随大人一起做拍手、招手、点头、摆手等动作，也会全身配合音乐进行晃动。幼儿能说出简单的歌词，唱简单的儿歌。

2~3岁的幼儿在声音感知上主要表现为对形象鲜明的，特别是一些具体、熟悉的对象乐意模仿并能留下记忆。他们喜欢用肢体动作表达愉悦的情感，幼儿听到音乐后常常会高兴地拍手、跳跃，参加律动表演的兴趣高于唱歌。这时，幼儿词汇的储备量比以前得到了大幅度的发展。能够完整准确地唱完一首歌，能理解音乐拍子和动作之间的关系，动作变得越来越协调，控制节奏的反应能力也不断得到增加。

二、婴幼儿音乐活动设计与指导的意义

（一）音乐活动促进婴幼儿的身心健康发育

音乐活动可促进婴幼儿感觉器官的发育，鼓励婴幼儿用简单的动作，把感受到的音乐表达出来。培养其手、脚、眼、嘴及身体各部位的协调能力，可以促进婴幼儿感觉器官的发育。音乐教育还可促进婴幼儿语言能力的发育，唱歌可以使婴幼儿的语言得到良好的发展，选择一些生动、活泼、欢快、贴近幼儿生活的儿歌，好的歌词配上优美的旋律，使他们能够在歌唱中丰富自己的词汇，提高婴幼儿的语言表达能力。音乐教育促使婴幼儿思维的发展，通过不同的音乐活动，可以促进婴幼儿创造力、想象力、注意力和记忆力等的发展。

（二）音乐活动提高婴幼儿的审美能力

音乐活动是一种非常有艺术感染力的审美教育，欣赏音乐、感受音乐、表演音乐等活动，可以使婴幼儿充分体验音乐中的美和情感，从而使之产生强烈的共鸣。在接受各种形式的音乐熏陶中，婴幼儿的情感体验越来越深刻，开始逐渐体会爱并懂得分辨善良与美好的事物，摒弃恶与丑，有助于其养成对未来美好生活的向往和积极乐观的生活态度，这为婴幼儿终身热爱生活打下良好的基础。

（三）音乐教育丰富婴幼儿的社会交往

婴幼儿在3岁之前，一般都是以家庭为主要活动场所，其社会交往的范围有限，而在

家庭中以音乐为纽带可以使婴幼儿更好地进行人际交流。例如，婴幼儿和家长进行合唱、合奏的音乐活动，能够增强其自信，增进亲子关系；家长带婴幼儿听音乐会，参观琴行等活动，可以扩大他们的视野，能够接触更多的人和事；家长邀请其他的小朋友进行音乐表演、音乐交流，有助于培养婴幼儿的参与意识和合作精神。

三、婴幼儿音乐活动设计与指导的目标

（一）0~1岁婴儿音乐活动目标

在家长的引导和启发下，婴儿喜欢听旋律优美的音乐，家长运用表情、动作和姿态，使婴儿积极愉快地参与音乐活动，并能随着音乐学习简单的律动；培养婴儿愉快的心境和快乐的情绪，使其能与家人一起进行音乐游戏；培养婴儿的乐感，使其能感知音乐的节奏、旋律，能够模仿大人展示面部表情和手部动作，如微笑、闭眼、再见、拍手、跺脚等。

（二）1~2岁幼儿音乐活动目标

喜欢听熟悉的音乐，可以分辨不同的音色，并能进行简单的肢体表演；在大人的陪伴和鼓励下，可以随着音乐节奏做简单的动作，喜欢模仿表演；能够和大人一起做简单的音乐游戏，感受简单的音乐节奏，并可以跟随节奏进行表演；能够哼唱简单的童谣歌曲，培养幼儿的乐感和节奏感。

（三）2~3岁幼儿音乐活动目标

通过欣赏、演唱、律动及音乐游戏，培养幼儿愉快的情感和活泼开朗的性格；学会唱音域1~5的歌曲，初步掌握2/4、3/4拍的节奏；为幼儿提供表现机会，培养幼儿参与音乐活动的积极性、主动性，能独立完整地演唱简短的歌曲，并会模仿简单的动作；喜欢在众人面前表现自己，能用肢体随意表现音乐，想象力、创造力和对音乐的欣赏力得到发展，能安静地听歌曲，会听节奏，掌握节奏的开始和结束。

四、婴幼儿音乐活动设计与指导的主要内容

（一）音乐欣赏活动

音乐欣赏是对音乐作品进行感受、理解和鉴赏的一种审美活动。音乐欣赏可以使婴幼儿接触到优秀的音乐作品，丰富音乐体验，促使其发挥想象、记忆和思维能力，培养婴幼儿听觉的敏感性和良好的倾听习惯。

（二）韵律活动

韵律活动主要指婴幼儿在成人引导下，伴随音乐进行的身体艺术表演活动。其主要的作用是培养婴幼儿的节奏感、动作的协调性与优美感，学会用肢体动作的方式与人交流，享受韵律活动的愉悦。

（三）歌唱活动

唱歌是婴幼儿乐于接受的一种艺术表现形式，是婴幼儿表达其思想感情的一种方法。歌唱活动不仅能使婴幼儿情绪高涨、开心快乐，还能潜移默化地陶冶婴幼儿的情操，启迪心智。

（四）节奏乐活动

节奏乐是组织幼儿进行各种打击乐器，配合音乐的旋律进行演奏。由于乐器的种类不同、音响丰富、形式生动活泼，因此节奏乐也深受婴幼儿的喜爱。节奏乐活动能较好地培养婴幼儿的节奏感及分辨乐器音色的能力，在发挥婴幼儿的探索精神和创造力方面也有着不可替代的优势。

五、婴幼儿音乐活动设计与指导的注意事项

（一）选择适宜的时间

在进行音乐活动时，首先应充分考虑活动开展的时间，可以每天在固定的时间段进行，这样可逐渐培养婴幼儿一定的秩序感，切不可安排在婴幼儿刚进食完或在婴幼儿快要入睡之时。

（二）选择轻便宽松的衣服

在进行音乐活动时，婴幼儿会进入兴奋状态，身体的活动量也随之增加，皮肤的毛孔打开，宽松轻便的衣服不仅便于婴幼儿活动，还能够起到透气的效果，有利于身体健康。

六、婴幼儿音乐活动设计与指导案例

【活动1】

跳跳舞

1.适宜年龄　0~1岁。

2.活动目的

（1）培养婴儿热爱音乐的好习惯。

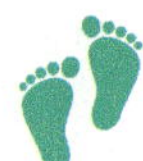

（2）懂得跟着音乐旋律摇动自己的身体。

3.活动准备 适合婴儿听的音乐。

4.活动过程

（1）妈妈把婴儿抱起，和婴儿一起欣赏歌曲。

（2）妈妈随着音乐节奏的变化，摇动婴儿，让婴儿感受身体的运动。

（3）“宝宝，我们一起跳一跳，我们一起扭一扭”。

（4）妈妈可以在婴儿对音乐熟悉的前提下，自己唱着哼着歌曲或旋律，和婴儿一起运动。

（5）也可以把平时想对婴儿说的一些话融入歌词中，让婴儿体会音乐跟生活密切相关，使其热爱生活，热爱音乐。

5.活动指导

（1）在选择音乐的时候，一定要选择适合婴儿的音乐，音域、音高等符合婴儿的身心特点。

（2）每次进行的时间不宜过长，让婴儿保持愉快的心情；音乐不能频繁变换，可以选择2~3首常用的乐曲，每天进行音乐活动的时间最好相对固定。

【活动2】

会唱歌的餐具

1.适宜年龄 1~2岁。

2.活动目的

（1）提高辨别声音高低的能力，培养幼儿音乐智能。

（2）培养幼儿听觉能力，促进幼儿探索能力的发展。

3.活动准备 吃饭用的锅、碗、盘子、盆、筷子、两个相同的玻璃瓶。

4.活动过程

（1）将平时吃饭用的锅、碗、盘子、盆分别放在幼儿的周围。

（2）让幼儿用筷子随意敲打，通过敲击，使之发出不同的声响。

（3）让幼儿用力敲打、轻轻敲打感受用力敲与轻轻敲的声响区别。

（4）也可以准备两个相同的玻璃水瓶，一个水瓶装满水，另一个瓶子装1/3的水。让幼儿用筷子敲一敲，看看哪个瓶子发出的声音高，哪一个瓶子发出的声音低。

5.活动指导

（1）起初可以给幼儿进行一定的示范，让幼儿体会锅碗瓢盆声音的不同，成人也可以和幼儿一起敲击，最后让幼儿自己体验，由浅入深一步步增加难度。

（2）体验物体不同发出的声音不同，即使是同一物体，由于条件不同，发出的声音也不同，从而提高幼儿的辨别能力。

【活动 3】

动起来

1.适宜年龄　2~3岁。

2.活动目的

（1）让幼儿沉浸在音乐中，伴随着音乐随意地表现自己。

（2）培养幼儿对音乐的欣赏能力、想象力和创造力。

3.活动准备　宽敞的空间、适合幼儿的音乐。

4.活动过程

（1）播放音乐，带着幼儿在音乐中舞动身体。

（2）一边跳动，一边用语言引导“春天来了，花儿都开了，小鸟快乐地飞回来了”。

（3）成人逐渐退出“舞台”，在“台下”观看时，给幼儿一定的鼓励。

（4）引导幼儿渐渐放缓，慢慢结束舞蹈。

5.活动指导

（1）可以是集体活动，也可以是单独活动。成人把幼儿带入欢快投入的状态中再退出舞台，用语言引导幼儿自由想象、自由舞蹈，让他们充分地释放自己，体会愉快自由的感觉，有利于其创造力和想象力的发展。

（2）如果是集体活动，可以增加幼儿之间的互动学习和欣赏，也可以引导幼儿之间互相合作，共同舞蹈。

知识拓展

引导0~3岁婴幼儿感受音乐

0~3岁婴幼儿正处于听觉发育的关键期。当婴幼儿听到音乐时，他们常常会高兴地拍手、跳跃、歌唱，音乐能给予刺激，优美的旋律、节奏能激起婴幼儿愉快的情绪情感体验。因此，在婴幼儿早期进行音乐启蒙，是完全符合他们身心健康需求的。

国内外许多心理学家从大量研究中发现，当婴幼儿还不能用文字语言表达内在情感时，却能借助音乐的“语言”抒发情感。从2岁起，他们就已经开始进入艺术智能发育的黄金时期。因此，对婴幼儿从小进行音乐审美教育是十分必要的。

5~6个月时的胎儿已经有感受音乐的能力了。出生后，婴儿在哭闹时听到胎儿期播放的音乐就会安静下来，这说明他已有记忆能力。刚出生的新生儿，爱听优美的乐曲。如平卧的新生儿会将头转向音乐发出的方向，2个月大的婴儿已能安静地躺着欣赏音乐，2~3个月能区分音高，3~4个月能区分音色，6~7个月能区分简单的曲调。以上都说明婴幼儿从小接受音乐训练是有生理基础的。因此，从胎教时期就可以培养孩子对音乐的爱好。

根据婴幼儿感受音乐的方式，我们可以通过一系列的亲子活动，对婴幼儿进行音乐教育。

1.婴儿期（0~1岁）　运用音乐来进行亲子活动。我们和婴儿说话要用儿语，高声调、有节奏、拉长音调，像唱歌一样。

可以经常给婴儿唱歌，晚上睡前唱催眠曲。唱歌时按节拍摆动婴儿的上下肢，另外播放古典音乐，特别是莫扎特创作的乐曲，在游戏或进餐时播放，并用音乐提示日常生活，但播放时的音量要适中，持续时间不要过长。父母可以细心留意婴儿的反应，如面部表情及身体语言，避免对婴儿造成过分的刺激。抱婴儿在怀中，随音乐节奏翩翩起舞；抱婴儿在镜子前，随着音乐节拍轻轻摇晃婴儿的身体。当音乐改变时，变换活动方式，模仿并鼓励婴儿尝试随着音乐舞蹈或唱歌。当给婴儿洗澡或更换衣服时，也可作为共享音乐的时光，随着音乐的节拍按摩婴儿的肌肤，活动婴儿的小腿和上肢。

2.低幼期（1~3岁）　运用音乐和幼儿同乐时，可以扶着幼儿的双臂假装做指挥，随着音乐有节奏地舞动，父母一边欣赏，一边赞美。可以让幼儿在听音乐时随着旋律歌唱，让他们玩安全的玩具乐器，加强他们动手拨动或敲打乐器的能力，用音乐促进幼儿智力的发育。音乐在发挥每个孩子与生俱来的潜力上扮演着独一无二的角色，能为孩子营造一种健康成长、和谐安全的环境。

第二节 婴幼儿美术活动设计与指导

一、婴幼儿美术发展特点

1周岁之前，婴幼儿的绘画主要处在无意识的涂鸦期，婴幼儿的绘画只是无意识的手臂反复运动的结果，是无意义的、无内容的画线时期，以纯运动感觉活动为兴趣中心。婴幼儿可以通过涂鸦来获得肌肉活动的满足，为日后学习画画及写字奠定基础。

1~2岁时，婴幼儿的绘画主要处于绘画的象征时期，主要特征为婴幼儿会针对其所描绘出来的图案加以象征性的说明、解释或命名。婴幼儿可以通过手臂运动获得快感，并可通过绘画的过程及解说的机会，增进其对事物的观察能力与想象能力，同时语言表达的能力也得到一定的提高。

2~3岁时，婴幼儿以动作摆弄为兴趣，不关心作品的成果，婴幼儿处于有意识的涂鸦期，随着年龄的增长及手指肌肉群的逐渐协调，此期可表现出不同的特点，起初是随意的涂抹，逐渐过渡到有控制的图画，再到命名涂鸦画。婴幼儿对鲜艳、明亮的色彩较为敏感。这一阶段的婴幼儿绘画主要处在前图式期，婴幼儿能简单勾画出略像实物的形象，但只能画出部分图案来代表形体的全部，婴幼儿所使用的色彩也与原事物的色彩没有关系，所画的题材多为人物画，家长可帮助婴幼儿了解人、事、物及其特征，并满足其好奇心。

二、婴幼儿美术活动设计与指导的意义

（一）促进婴幼儿对艺术美的感受性理解和表现力

通过多种形式的美术活动，可以有效地训练婴幼儿的视觉和感知觉，丰富婴幼儿的视觉资源，发挥其视觉感知力，使其获得视觉经验，形成敏锐的审美能力。在感受美的同时，丰富其理解能力和想象能力，为婴幼儿后期更好地表达奠定基础。

（二）促进婴幼儿感知觉、注意、记忆、想象和实践等能力的发育和发展

婴幼儿对大部分人、事、物缺乏相应的经验，只能通过想象来弥补自己感知到的内容，美术活动可以使婴幼儿在原有的经验记忆的基础上逐渐展开想象，描绘出不在眼前的形象，这个过程有助于其各方面能力的发展。

（三）促进婴幼儿人格健全、和谐发展

婴幼儿可以通过美术活动表现自己，抒发自己的情绪情感，使自己的情绪情感得到表

达和满足。美术活动可以将婴幼儿感受到的转化为内在需要和自我发展的内在动力，从而成为婴幼儿行为的内在调节部分，有助于婴幼儿人格健全、完善、和谐发展。

三、婴幼儿美术活动设计与指导的目标

（一）0~1岁婴儿美术活动目标

此期注重培养婴儿的视觉及其对色彩的感受力、分辨力。通过用笔随意涂鸦和手工活动，锻炼婴儿的精细动作能力。初步培养婴儿识色辨色及涂画的兴趣，认识红色、黄色、蓝色，并能逐渐从许多色彩中找出已经认识的颜色，激发婴儿爱美、欣赏美的兴趣，培养婴儿初步感受美和创造美的能力。

（二）1~2岁幼儿美术活动目标

此期注重培养幼儿感知颜色的差别，培养对色彩的兴趣。幼儿能辨别4~6种不同的颜色；培养绘画兴趣，掌握运笔涂色，学会画横线、竖线等简单线条，学画一些简单的物体，在成人的指导下学会捏、揉、压等方法，锻炼手眼协调能力，能用橡皮泥做一些简单的物品；初步掌握印章画的简单图案安排；学习折纸，能进行简单的手工粘贴，具有初步的动手能力。

（三）2~3岁幼儿美术活动目标

此期注重培养幼儿学会简单地涂画、点画和印章画，培养幼儿对色彩的兴趣。在玩橡皮泥时，掌握搓、压、团、插等技能，锻炼手部肌肉群的协调性，掌握粘贴的基本技能；初步学会握笔、折纸、粘贴、捏泥等手工技能，感知部分与整体的关系，有一定的创造力，能进行简单的绘画，分辨不同的颜色。

四、婴幼儿美术活动设计与指导的主要内容

（一）美术欣赏活动

婴幼儿美术欣赏活动是一种审美活动，此期间经历感知、想象、理解的心理过程，情感因素贯穿于全程。在促进艺术素养形成和婴幼儿一般发展方面，有着其他活动不可替代的功效。婴幼儿欣赏的对象可以是绘画、建筑、雕塑、自然环境等多个方面。

（二）绘画活动

绘画活动主要是父母引导婴幼儿学习简单的绘画工具、材料的使用方法，运用色彩、线条、形状等造型要素及变化、平衡、强调等造型原理，创造可视的平面形象，表达自己审美感受的过程。

（三）手工活动

手工活动根据使用材料的不同，可以分为折纸、泥工和废旧物制作。手工活动是引导婴幼儿运用贴、撕、塑等方法，对具有可塑性的材料进行加工改造，制作出各种具体形象的活动，对婴幼儿手部肌肉的发育、操作能力、审美创造力的发展及耐心细致、乐于实践等个性品质的培养都具有重要意义。

五、婴幼儿美术活动设计与指导的要求

（一）简单内容低技能

在选择内容时，应考虑简单的内容，降低技能的习得难度，主要立足点放在情感的体验上，淡化技能技巧训练，以婴幼儿眼中的美为准则，强调过程中婴幼儿主动参与和自愿学习。

（二）贴近生活已有经验

根据幼儿已有的生活经验选择活动内容，内容主要源于婴幼儿的现实生活，符合婴幼儿的兴趣和需要，有助于拓展婴幼儿的视野与经验。婴幼儿最初的经验均来自生活，其艺术萌芽同样产生于自身生活的体验和直接的感知。

（三）赋予情景可玩性

创设情景，寓教于乐，让婴幼儿在游戏中获得知识经验。游戏是婴幼儿的天性，婴幼儿游戏蕴藏着发育的需要和教育的契机。以情感发展来看，婴幼儿在游戏中可以宣泄情绪，成人应提供宽松自由的情景，引导婴幼儿参与到美术活动中来。婴幼儿心理活动受情绪支配很大，带有明显的直觉行动性质，他们特别喜爱有声响、会动的物体，能主动地互动，因此应为他们选择赋予一定情景或角色的内容。

六、婴幼儿美术活动设计与指导案例

【活动1】

印手印

1.适宜年龄　1岁左右。

2.活动目的

（1）帮助婴幼儿建立初步的色彩印象，并加深婴幼儿对手的认识。

（2）体会作画过程中的快乐心情，提高婴幼儿的欣赏水平。

3.活动准备　图画纸、图画笔、丙烯颜料。

4.活动过程

（1）画两张画，一张画的树上只有树干及少量叶子，另一张画的树上长满了叶子。

（2）对婴幼儿说："花儿开了，小草绿了，树上长满了绿色的叶子，多漂亮呀！可是这一棵树上的叶子太少了，宝宝来加上几片好吗？"

（3）把绿色染料涂在婴幼儿的手上，教婴幼儿印在树上，然后把印有小手印的画贴在墙上，让婴幼儿欣赏。

5.活动指导

（1）婴幼儿的小手是自己最熟悉的，将他的小手和不同的颜料结合在一起，可增加婴幼儿参与活动的兴趣。

（2）树是婴幼儿生活中常见的事物，给树添上叶子可以充分调动婴幼儿的兴趣，有利于婴幼儿对色彩和手的认识记忆。成人也可以在自己的手上涂上颜色，和婴幼儿一起作画，让婴幼儿观察比较手与手的不同点和相同点。

【活动2】

画红气球

1.适宜年龄 1~2岁。

2.活动目的

（1）使幼儿感受线条、色彩和形状的变化。

（2）培养幼儿对美的感受能力和欣赏水平，提高审美水平。

3.活动准备 水彩笔、白纸、气球。

4.活动过程

（1）妈妈准备好水彩笔和白纸，可以给幼儿吹一个气球，让幼儿说出气球的颜色和形状。

（2）拿水彩笔在白纸上画一个圆，鼓励幼儿拿起笔，像妈妈这样做。

（3）如果幼儿还不会握笔，可先握住幼儿的小手，在纸上画圈，再让幼儿自己画。

（4）帮助幼儿完成气球图画，并给气球涂上鲜艳的红色，和幼儿一起欣赏作品。

（5）可以和幼儿共同玩托气球的游戏，进一步增加其美好的回忆。

5.活动指导

（1）气球是幼儿在生活中常见的物品，幼儿比较熟悉和了解，所以选择气球符合幼儿的认知和理解能力。

（2）和幼儿一起欣赏其作品，给予一定的鼓励和肯定。

【活动3】

玩橡皮泥

1.适宜年龄　2~3岁。

2.活动目的

（1）使幼儿会用橡皮泥制作小物件，锻炼幼儿手部肌肉的协调性。

（2）学会搓、团、压等基本技能，能分辨不同的基本颜色。

3.活动准备　24色或12色的橡皮泥。

4.活动过程

（1）让幼儿挑选自己喜欢的橡皮泥，并说出是什么颜色的。

（2）和幼儿一起玩橡皮泥。做出搓、团、压等动作，观察幼儿的动作。

（3）边玩边和幼儿交流，询问幼儿想制作什么。也可以根据幼儿自己的作品形状结合幼儿日常生活经验引导幼儿说出作品名称，如毛毛虫、饼、球等。

（4）对幼儿制作的小物品进行欣赏和评价。

5.活动指导

（1）和幼儿一起参与活动，给予一定的示范，让他学会搓、团、压的动作，同时锻炼他手部肌肉的协调性。

（2）在橡皮泥中也会有一些模具，可以让他把整好的橡皮泥，按照模具制作一些小物件。制作完，与幼儿共同欣赏作品。

附　0~3岁婴幼儿进行艺术教育的好方法

请通过查阅图书、网络搜索等方式，把婴幼儿按照年龄分成0~6个月、6~12个月、1~2岁、2~3岁，总结进行音乐教育、美术教育的好方法。

表7-1　0~3岁婴幼儿记忆发展观察评估表

年龄	进行音乐教育/美术教育的方法
0~6个月	……
6~12个月	……
1~2岁	……
2~3岁	……

讨论与思考

婴幼儿音乐活动设计与指导的意义：促进婴幼儿的身心健康；提高婴幼儿的审美能力；丰富婴幼儿的社会交往。

婴幼儿音乐活动设计与指导的主要内容：音乐欣赏活动、音律活动、歌唱活动、节奏乐活动。

婴幼儿音乐设计与指导的注意事项：选择适宜的时间、穿轻便宽松的衣服。

婴幼儿美术活动设计与指导的意义：促进婴幼儿对美的感受性理解和表现力；促进婴幼儿感知觉、观察、记忆、想象和实践等能力的发育和发展；促进其人格健全、和谐发展。

婴幼儿美术活动设计与指导的主要内容：美术欣赏活动、绘画活动、手工活动。

婴幼儿美术设计与指导的要求：简单内容低技能、贴近生活已有经验、赋予情景可玩性。

扫码看同步练习

第八章 婴幼儿游戏活动设计与指导

学习目标

1. 了解婴幼儿游戏活动设计和指导原则。
2. 掌握婴幼儿游戏活动设计与指导的目标与内容。
3. 能为不同年龄阶段婴幼儿设计和指导适宜的游戏活动。

情景导入

一位成人发现一个小孩子正蹲在路边聚精会神地观察蚂蚁，便问：“孩子，你在干什么？”孩子仰起稚气的脸，得意地说：“我在听蚂蚁唱歌。”

请思考：如果你是这位成人，你会怎么回应？

第一节 婴幼儿游戏活动设计与指导的原则

指导婴幼儿进行游戏活动不能过于机械和刻板，尤其是婴幼儿的动作、认知、语言、情感与社会性、艺术等能力的培养更需结合婴幼儿独特的学习方式和生活环境。游戏有助于巩固婴幼儿已有的动作、认知、语言、情感与社会性、艺术等经验，有助于促进婴幼儿动作、认知、语言、情感与社会性水平的提升。婴幼儿不同领域等的发育和发展有其自身的特点和规律。老师不仅要利用一个个解决问题的游戏活动来促使婴幼儿进行游戏活动训练，还需在选择设计游戏活动时尊重和充分采纳以下原则。

一、与婴幼儿发育和发展相适宜的原则

婴儿的不同领域发育和发展是按照一定的顺序进行的，每个年龄阶段的具体表现各不一样，具有顺序性和阶段性，并具有一定的规律和相应的特点。因此，婴幼儿不同的阶段具有不同的诉求，老师在设计选择和指导游戏活动时，要根据婴幼儿不同月龄阶段的特点和发育

水平，设计选择和指导符合婴幼儿不同领域发育和发展需要的游戏活动。游戏要具有适宜的活动目标和活动内容,老师要准备适宜的活动材料，采用适宜的活动方式，创造适宜的活动环境。同时，在设计选择和指导游戏活动时，应首先观察了解、评估婴幼儿的发育阶段和发展水平，基于“最近发育区”帮助婴幼儿在成人的支持下达到可能的更高水平；与此同时，充分考虑婴幼儿的个体差异，使设计选择和指导游戏活动适宜于每位孩子的发育和发展。

二、与婴幼儿生活相联系的原则

现实生活是婴幼儿不同领域发育和发展的源泉，婴幼儿每天接触的各种事情都会和动作、认知、语言、情感与社会性有关。从抽象概念本身看，如果不借助具体游戏，婴幼儿很难理解并加以运用。所以老师要善于发现日常生活中的契机，利用生活中的原材料和机会挖掘和培养婴幼儿动作、认知、语言、情感与社会性的能力。

三、发展婴幼儿不同领域功能的原则

动作、认知、语言、情感与社会性等的发展不应只是着眼于具体的知识和技能学习，应指向婴幼儿动作、认知、语言、情感与社会性等不同功能的发展。掌握具体知识只是低层次教育，不同领域发展的实质在于婴幼儿的动作、认知、语言、情感与社会性功能是否发生了改变，其实一旦具备了必要的逻辑观念，婴幼儿掌握相应的知识就不再是什么困难的事情了。因此，在教育实践中，老师要在传授知识和发展动作、认知、语言、情感与社会性功能之间做出选择，二者之间是具体利益和普遍利益、眼前利益和长远利益的关系。

四、知行合一的原则

让婴幼儿操作、在游戏活动中学习，并促使其将具体的游戏内容内化于头脑，是发展婴幼儿动作、认知、语言、情感与社会性的根本途径。为开展游戏活动所提供的材料、选择的教学方法应能激发婴幼儿的好奇心、求知欲，大多问题需通过婴幼儿自己的探究来解决。在婴儿自主解题、自定速度、自选主题的过程中达到开发智能的目的，切忌枯燥地硬灌。

五、允许婴幼儿反复尝试的原则

因为婴幼儿动作、认知、语言、情感与社会性水平较低，目标不可能通过一次游戏活动就达成，需要反复尝试与探究。内容安排可重复出现，游戏活动难易程度可不断发生变化，游戏难度的设计是螺旋式上升的设计。

六、关注婴幼儿整体发展的原则

开展游戏活动必须使各水平的婴幼儿均有发展。要相信每个婴幼儿都有发展的潜能，作为老师要观察了解每个婴幼儿不同的特点和发展水平，鼓励婴幼儿的点滴进步，使其在各自的水平上发展，不要把婴幼儿放在同一水平上相互比较，要用纵向方法比较其自身的进步。我们的教育不是为了培养尖子生，而是要使每个婴幼儿都能参与，都有发展。

第二节　婴幼儿游戏活动设计与指导的目标与内容

一、制定婴幼儿游戏活动设计与指导的目标依据

人出生后头3年的发育和发展，在其程度和重要性上，超过人整个一生中的任何阶段。如果从生命的变化、生命的适应和对外界的征服，以及所取得的成就来看，0~3岁这一阶段实际上比3岁以后直到死亡的各个阶段的总和还要大。游戏是婴幼儿发展知识技能最重要的途径，婴幼儿对世界认识的70%~80%是从游戏活动中获得的。婴幼儿游戏活动核心主要体现在：运动、认知、语言、情感与社会性五方面。

1. 婴幼儿运动　婴幼儿运动发展是指0~3岁的婴幼儿，从抬头、抓握、翻身直到走路、跑跳等，一切需要肌肉活动的运动发育过程，包含粗大运动和精细运动发育。

2. 婴幼儿认知　对婴幼儿的认知发育来说，衡量一位儿童认知水平的指标有很多，如语言、记忆、思维、表象、社会认知等，其涉及的范围十分广泛，无法将其全部纳入研究范畴。

3. 婴幼儿语言　语言的发育在婴幼儿认知和社会功能的发生发育过程中起着重要作用。婴幼儿如能掌握部分语言，就得到了一种有效的认识工具，可以通过同成人的交往增进对外部世界的认识，也可借助语言把这些知识更好地储存起来，以供应用。

4. 婴幼儿情感与社会性　指婴幼儿个体社会化的内容与结果，是在社会化过程中获得的情感、性格等心理特征，也是在社会交往中处理人际关系时表现出来的心理特征。

二、制定婴幼儿游戏活动设计与指导的目标分析

0~3岁是婴幼儿发育的关键时期。婴幼儿从出生开始，每个月都会有一个重点发育的关

键点，如听见声音、闻到气味、辨别色彩、抬头、翻身、爬行、抓握、大动作及精细动作发展、大脑发育都在按月龄逐步进行。性格习惯养成，自我意识养成，智商情商发展，都取决于这一敏感时期的引导。生长发育正常是健康的重要标志，这种“发育”是有一定规律的，既是连续的，又有阶段性。即在不同年龄阶段，有着不同的发育标志。我们可以通过观察、分析这些标志，了解婴幼儿的身心发育是否在正常范围内，从而为不同的婴幼儿制定游戏设计与指导，但由于婴幼儿发育受多种因素（遗传、环境、教育等）的影响，有明显的个体差异。例如，有的孩子说话早，有的孩子走路晚。在进行婴幼儿游戏设计与指导之前，照护人能否识别发育中的表现是游戏设计与指导开始前的重要任务。这就要求照护人在日常生活中应密切观察婴幼儿的行为特点，了解一些关于婴幼儿发育方面的知识，能够早期识别儿童发育行为。托育机构、月子中心等工作人员，了解正常婴幼儿的发育里程碑（developmental milestones）尤其重要。

发育里程碑是指大多数婴幼儿在某个年龄段里可以做到的事情，包括婴幼儿生长发育、运动、认知、社交、情感和沟通技巧等方面的能力，如翻身、爬行、独立走路、开口说话等。通过观察婴幼儿玩耍、学习、说话、行为和动作方面的表现，就能了解婴幼儿的发育进度。

（一）身体运动

1. 0~1岁 婴儿以移动运动为主。

（1）躺：包括卧（俯卧、仰卧）和翻身。2~3个月的婴儿会抬头，大人可将他竖直抱起。4~5个月的婴儿可翻身，大人可给婴儿提供抬头支撑和翻身的机会。

（2）坐：5~6个月的婴儿可坐。如果婴儿在坐着的时候头能竖直，不向前倾，不用双手支撑，双手能自由活动，如摆弄玩具，说明婴儿能够坐稳了。

（3）爬：6个月是学习爬行的最佳时期。8个月大的婴儿能够熟练自如地爬行。

（4）站：婴儿有站的意识表现在他坐着的时候，两只脚常不停地蹬。对于5~6个月大的婴儿，大人可以扶住婴儿的两腋，让他站立；7~8个月时，拉着婴儿的双手让他站立；9~10个月以后，婴儿会自己扶栏杆站立。

（5）手的协调动作的发展：对于6个月大的婴儿来说，手指仍是浑然一家，往往整体地运动。当他伸手抓东西时，等于用5个指头一把将东西抓进手掌心。到了7个月大时，两手就变得灵巧多了。当婴儿把东西从一只手交到另一只手的时候，拇指和食指的运动逐渐分别出来。到了8个月大时，婴儿会用拇指和食指捡小东西。

2. 1~2岁 幼儿基本运动技能过渡时期。

（1）爬：幼儿可连钻带爬，过一些低障碍。

（2）走：1岁左右的幼儿开始学习走路。开始走路时，还走不稳，步子显得很僵硬，头向前，前脚掌着地，走得特别快，常常跌跤，大人多加注意观察。

（3）玩球：双手滚球，用脚碰球。

（4）蹲：大约11个月时能扶着东西或大人的手蹲下，到了1岁4个月时能比较自如地独自蹲着。

（5）手的动作：1岁以后，幼儿逐渐学会拿着东西做各种动作，不再是敲敲打打、扔扔捡捡，而是开始把这些东西当工具使用，可以开始有意识地训练幼儿端起碗喝水，拿小匙子吃饭，搭高积木等关于手的游戏训练。

3. 2~3岁 幼儿以发展基本运动技能为主，各种动作均衡发展。

（1）走：可以向不同方向走；可以侧着走或倒着走；可以上、下楼梯等。

（2）跑：2岁以上的幼儿已会协调地跑，可以四散跑、追逐跑、障碍跑（12个障碍）。

（3）跳：2岁左右的幼儿会双脚原地跳；学小兔双脚向前跳。

（4）投掷：接住滚过来的球；向上、向前抛球。

（5）玩运动器具：在大人保护下蹬三轮童车、骑摇马、荡秋千、爬小型攀登架等。

（6）手指的活动：2岁幼儿已开始会随意地握笔涂鸦，5个手指能协调活动，控制笔的走向；已会扣较大的纽扣，拼搭积木，翻阅画册等。2岁以后，幼儿可开始学着自己穿脱衣服、系扣子、洗手等。

（二）认知

1.感知觉 感觉是人脑对直接作用于感觉器官的客观事物的个别属性的反映。知觉是人脑对直接作用于感觉器官的客观事物的整体反映。婴幼儿感知觉发育包括：视觉的发育、听觉的发育、嗅觉的发育、味觉的发育和触觉的发育。

2.注意 指心理活动对一定对象的指向和集中。婴幼儿具有有意注意和无意注意。

3.记忆 记忆指的是过去经验在人脑中的反映，包括识记、保持、再现三个基本环节。婴幼儿具有记忆的方法：习惯化/去习惯化，延迟模仿等方法。

4.思维 是人脑对客观事物进行的间接的概括反应。婴幼儿具有的思维发展包括：

（1）动作思维：依靠感知并在实际操作过程中进行的思维。

（2）形象思维：婴幼儿具有直观形象进行的思维。

（3）抽象思维：婴幼儿能够运用概念、判断、推理等形式进行的思维。

（三）语言

出生后第一年是言语发生的准备阶段，婴儿三方面的能力得到发育，即前语音感知能力、前言语发音能力、前言语交际能力。婴幼儿的前言语阶段一般指婴幼儿语言的发育阶段。经历了近一年的言语准备阶段，婴儿开始进入学习口语的全盛时期。1～2岁幼儿开始进入正式的学说话阶段，又称为言语发生阶段。2～3岁是幼儿基本掌握口语阶段，这一阶段将持续到入学前。

（四）社会性

婴幼儿社会性包括具有初步自我意识，了解自己的身体，学会使用“我”代表自己，具有初步的社会行为和社会适应三大方面。自我意识包括能够自我控制；社会行为包括亲社会行为、亲子交往、同伴交往；社会适应包括生活适应、陌生环境适应、陌生人适应。

（五）情感

婴幼儿开始具备情绪体验，如满足（快乐、激动）、兴趣（好奇、惊奇）、痛苦（厌恶、悲伤、愤怒、恐惧）等。并具有良好的依恋关系和安全感，能够较好地适应与探索环境。

三、婴幼儿游戏活动设计与指导的主要内容

0~3岁的婴幼儿有自身的学习方式，其中游戏是他们最主要的学习形式，家长和主要从业者在照料婴幼儿日常生活的过程中，能利用日常生活场景有目的地进行动作发展指导、语言能力培养、认知能力培养、社会性（情绪）能力培养。其中动作能力指导要求家长和主要从业者能帮助与指导婴幼儿进行抬头、翻身的练习，能帮助与指导婴幼儿进行坐、爬的练习，能帮助与指导婴幼儿进行站立、行走的练习，能指导婴幼儿进行跑、跳、投掷的练习，能指导婴幼儿进行精细动作的练习；语言能力培养要求家长和主要从业者能与婴幼儿一起玩语言互动游戏，能为婴幼儿讲故事，能为婴幼儿念儿歌、童谣；认知能力培养要求家长和主要从业者能与婴幼儿一起玩触摸、听觉、视觉、嗅觉、味觉活动，能正确鼓励与呵护婴幼儿的好奇心；社会性（情感）能力培养要求家长和主要从业者能辩识婴幼儿的啼哭并给予及时的回应和适宜的保教，能与婴幼儿保持良好的关系，采用日常生活中随手可取或容易制作的物品作为学具，选择有趣、有益的游戏，刺激婴幼儿感官的发育，激发婴幼儿学习和探索的兴趣，提升婴幼儿各种能力，培养他们良好的积极情绪情感和社会性能力。

第三节　婴幼儿游戏活动设计与指导的特点

一、游戏应注重婴幼儿发展的不同差异

每一个婴幼儿的五大领域有不同的发育状况，即便同一个月龄的婴幼儿，发育情况也不尽相同，因此单一的用月龄划分儿童的五大领域发育，不能很好地照顾到每一位婴幼儿的发育状况，应根据婴幼儿发育的具体程度设计五大领域游戏活动。

二、游戏形式注重趣味性，满足婴幼儿的发育需求

游戏的目的是吸引婴幼儿自主活动，老师的角色是支持婴幼儿的发育，因此，可以创设一些非常有趣的游戏来锻炼婴幼儿的五大领域。例如，将婴幼儿挺直抱在胸前，让婴幼儿的脸朝外看移动的物体（电扇上的彩色布条、水槽中的流水、移动的人等），或成人抱着婴幼儿移动自己身体位置，使婴幼儿从不同角度去看感兴趣的图片等锻炼婴幼儿。

三、游戏应提供真实的、生活化的材料

五大领域游戏中要提供贴近婴幼儿生活经验的材料，激发他们操作的兴趣。他们通过摆弄生活中常见材料获得经验，从而能力得以发展。

第四节　婴幼儿游戏活动设计与指导案例

【活动1】

爱玩的小鸡

1.适宜年龄　2~3岁。

2.活动目的

（1）能看懂故事情节，理解故事内容。

（2）培养幼儿积极地讲述故事情节；丰富词汇“着急”。

（3）帮助幼儿树立安全意识。

3.活动准备　动画课件（《鸡妈妈找小鸡》《狐狸捉小鸡》《狮子救小鸡》），狐狸头饰一个。

4.活动过程

（1）导入：（演示动画课件）请幼儿欣赏动画课件第一段。提示语：“今天老师请来了一位客人，你们看是谁？它在做什么？它为什么要走来走去？（鸡妈妈的孩子走失了）你们想想，鸡妈妈找不到孩子，心里怎么样？（着急）”请幼儿模仿着急的样子。

（2）基本过程：

1）欣赏课件第二段。“我们一起去看看小鸡上哪儿去了？”

2）“小鸡在森林里会不会发生危险？为什么？”老师小结：“树林里有很多动物，老虎、狮子它们都很凶。小鸡实在太小，没办法保护自己。”

3）“看谁来了？（狐狸）你们知道它来做什么吗？（吃小鸡）我们赶紧想办法来救救小鸡（找个棍子、挖个洞、躲起来、设置陷阱）。”“请小朋友们扮演小鸡，老师扮演狐狸，我们一起来玩狐狸捉小鸡的游戏。”

4）欣赏课件第三段。“谁救了小鸡？它怎么会来救小鸡的？（听到声音）”

（3）完整欣赏故事《爱玩的小鸡》。

（4）结合幼儿实际，对幼儿进行危险意识的教育。

5.活动延伸

（1）画小鸡。

（2）语言情境表演“爱玩的小鸡”。

6.活动指导 托班幼儿年龄小，语言发育参差不齐，有的胆小，不敢讲；有的喜欢讲方言，不习惯讲普通话；有的还不能讲完整的句子。另外，托班幼儿的规则意识较差，任性自由，缺乏安全意识。因此设计此课题《爱玩的小鸡》，通过生动有趣、通俗易懂的故事情节，以及根据故事情节制作成形象的动画课件来吸引幼儿，让幼儿不知不觉地欣赏、讲述故事情节，在模仿动作的过程中，潜移默化地教育幼儿外出不能随便离开大人，帮助幼儿树立安全意识。

【活动2】

轻轻跳、慢慢跑

1.适宜年龄 2~3岁。

2.活动目的

（1）能理解儿歌内容，知道不能用力踩踏小草，要爱护小草。

（2）喜欢念儿歌，会用动作表现“轻轻跳、慢慢跑”。

3.活动准备 小兔、小狗、小草、小朋友的图片。

4.活动过程

（1）讲故事，引起幼儿学儿歌的兴趣。

小兔来到草地上高兴地使劲跳，小狗来到草地上高兴地使劲跑。宝宝看见了，连忙说：“小兔小兔轻轻跳，小狗小狗慢慢跑，要是踩疼小青草，我就不跟你们好了。”小兔听了，轻轻跳了；小狗听了，慢慢跑了。宝宝高兴地说：“小兔、小狗，你们真好。”

（2）理解儿歌内容。

为什么要小兔轻轻跳，小狗慢慢跑？

跳一跳、跑一跑虽然很有趣，但会影响别人。要爱护小草，不在草地上用力蹦跳。

（3）学念儿歌。

鼓励幼儿边念儿歌边用动作表现“轻轻跳、慢慢跑”。

5.活动指导

（1）启发幼儿想一想，还有什么时候不能发出响响的“踏踏”声影响别人？（午睡时，上课时，大人看书时……）

（2）指导幼儿边念儿歌边用动作表现小兔的轻轻跳，小狗的慢慢跑。

（3）逐步理解“踏一踏”虽然很有趣，但却不能影响别人。

【活动3】

垃圾不可怕

1.适宜年龄　2~3岁。

2.活动目的

（1）让幼儿初步了解垃圾是怎样产生的及垃圾的危害。

（2）让幼儿知道应该每天清扫垃圾，不乱扔、乱捡垃圾；垃圾应放进垃圾的“家”。

3.活动准备

（1）各种乱堆放的生活垃圾、工厂生产而产生的工业垃圾及建筑垃圾的照片、图片。

（2）实物投影仪。图片四张：①垃圾堆上布满蚊蝇等害虫；②在医院打点滴的腹泻病人；③行人手捂鼻子、踮脚在污水横流、垃圾乱堆的路面上行走；④小朋友捡了垃圾放进口袋里。

（3）活动室地面散布一些纸屑、纸片。

（4）课前排练布偶剧《公园里》。

（5）簸箕、纸篓、垃圾桶、垃圾袋的实物；各种垃圾箱图片及垃圾车图片。

4.活动过程

（1）看图片、照片，讨论：你看到了什么？在哪里见过这些现象？

（2）看图了解并讨论垃圾是怎样产生的。

（3）老师小结：垃圾的产生——日常生活中产生的垃圾；工厂生产过程中产生的垃圾；建筑垃圾。

（4）幼儿自由讨论：我们生活中的垃圾是从哪里来的？

（5）讨论“垃圾的危害”：

1）让幼儿查看地面上有什么，老师清扫地面。

2）组织幼儿讨论：垃圾对我们会有哪些危害？

3）看图片①~③，了解：垃圾的危害。

4）看图片④，讨论：小朋友往口袋里放捡到的垃圾，他做得对吗？有什么害处？应该怎样做？

（6）讨论“垃圾的家”：

1）观看布偶剧并讨论：公园里发生了什么事情？小兔、小猴和小猪都做了哪些事？它们这样做对不对，为什么？

2）幼儿讨论：有了垃圾应该怎么办？垃圾的“家”在哪里？

3）展示各种垃圾的“家”的实物和图片。

4）带上簸箕、纸篓及垃圾桶到室外捡垃圾。

知识拓展

什么是“过家家”

一般来说，2岁之后，幼儿的思维发展会从感知运动思维阶段过渡到象征思维阶段，而拟人性是象征思维阶段的一个很重要的特点。

在这个阶段，幼儿往往把生活中的各种动物和物体当作人，在幼儿的眼里，会有香蕉爸爸、小熊妈妈和兔子宝宝，幼儿把自己的行动经验和思想感情加到小动物或玩具身上，和它们交谈，把它们当作好朋友，有时候他们也喜欢模仿大人真实生活中的活动（模仿能力的发展相信爸爸妈妈绝不陌生。说一个不太文雅的例子：有个朋友的爸爸非常喜欢挖鼻孔，时不时就会清一清。结果他2岁多的孩子不知道从什么时候开始做这个动作。吓得孩子妈妈严厉禁止孩子爸爸再做这样的动作）。

幼儿的这种模仿活动，就是我们所说的象征性游戏。英文中有很多名词来定义象征性游戏（也称假扮游戏），如pretend play, symbolic play, imaginative play, make-believe play。为了便于大家理解，用“过家家”一词。

从“过家家”中观察和记录婴幼儿的思维发展

蒙台梭利的两本书《童年的秘密》和《发现孩子》，描绘了成人与孩子之间强烈的冲突。其实很多大人不知道，孩子常常觉得自己不被理解，觉得自己就像是弱者，没有权力和力量，于是内在驱动力促使他们在游戏中完成了这种展现。而象征性游戏就提供了他们表现自我最好的平台。他们在自己假想的世界里，做大人，拥有和大人们一样的权力，想做什么做什么，甚至是现实不可能完成的事情。可能爸爸妈妈不让他们玩火，不让他们使用刀具，但是在他们的假想世界里，他们可以做厨师、做探险家。这其实是孩子们自我需求的一种满足，以此调节现实生活中的压抑情绪。

很多理论学者都有这方面理论的支持。其中，弗洛伊德的精神分析理论可能较为我们熟知。他认为人有“本我”“超我”和“自我”，“本我”渴望做些什么，但是社会规律并不允许。于是“超我”大于“本我”，两者有了冲突。

孩子通过象征性游戏，让“本我”有机会超越“超我”，在某种程度上有了新的“自我”。

有人说，孩子是游戏着的生命。也有人说，游戏是幼儿实现自我，建立快乐最基本的元素。所以在教育研究和实践中，象征性游戏都受到极大的关注。

研究表明，幻想假装的能力在1.5岁左右开始出现，3～6岁是此类游戏的高峰期，6岁以后会渐渐地随着现实生活的体验而减少。而幼儿假扮游戏的发展可以从玩物、动作和角色转换的复杂性来观察，借以评估他们的成长。

1. 玩物的象征性　游戏中所使用的物品外形及功用如果与实物相似度低，则具有较高层次的象征性。例如，在扮家家酒时拿塑胶食物当作菜放在盘子中和将碎纸当作菜相比，后者就具有较高层次的象征性。幼儿有时还可以借由不存在的物品来作为想象，如幼儿拿起空盘子说“请你吃菜”。一般而言，3岁以后，幼儿甚至能不借助任何物品就可进行想象活动。

2. 动作的复杂性　随着的身体动作的发展，假扮游戏的动作也由单一的拿取动作，到结合两种以上的动作，如会拿汤匙假装舀汤，再假装喂布娃娃喝汤等。

3. 角色的转换性　假扮游戏最先出现的动作都是自己指向的动作，幼儿并没有进行角色转换，换言之自己还是自己的角色。在1.5~2岁之间，幼儿开始由自己指向转变为他人指向的假扮活动。假扮游戏更进一步发展，幼儿还能操纵玩具，使玩具成为主动的行动者。再更进一步，幼儿能扮演他人的角色，如扮演妈妈在化妆等。

另外，幼儿进入学校后开始有同龄的玩伴，社会剧游戏行为开始显著增加。社会剧游戏通常是一群孩子依据一个主题进行扮演，三四岁的幼儿通常扮演的主题为自己日常生活中曾经亲身经历的，年龄较大的幼儿则可以扮演虚构或幻想的故事。幼儿扮演的角色也会随年龄而有所不同，年龄较小的幼儿所扮演的角色会是日常生活中对该角色的期待，如妈妈擦口红而不会是爸爸擦口红。但随年龄的增长，幼儿不但可以扮演非自己亲身经历的角色，如丈夫与妻子，还可以扮演虚构的人物，如王子与公主。

基于以上这些假想游戏的特性，我们可以了解婴幼儿的思维发育情况，也需要爸爸妈妈在日常生活中多记录和观察。

讨论与思考

0~3岁婴幼儿游戏活动设计与指导的原则：与婴幼儿发展相适宜的原则；与婴儿生活相联系的原则；发展婴儿不同领域功能的原则；知行合一的原则；允许婴幼儿反复尝试的原则；关注婴儿整体发展的原则。

0~3岁婴幼儿游戏活动设计与指导的目标：制定婴幼儿游戏活动设计与指导的目标依据；制定婴幼儿游戏活动设计与指导的教育目标。

0~3岁婴幼儿活动设计与指导的内容：运动、认知、言语、情感、社会性。

0~3岁婴幼儿游戏设计与指导的特点：游戏应注重婴幼儿发展的不同差异；游戏形式注重趣味性；满足婴幼儿的发育需求；游戏应提供真实的、生活化的材料。

扫码看同步练习

第九章
综合主题活动设计与指导

学习目标

1. 理解综合主题活动的意义。
2. 了解综合主题活动的特点。
3. 形成初步的综合主题活动方案的设计能力。

情景导入

夏季悄悄来临，太阳火辣辣的，男孩子们穿上了短袖短裤，女孩子们穿上了裙子。每天户外活动时都会流许多汗，冷饮也变成孩子们钟爱的食品，在家里要开空调、电风扇等，这些都是引起孩子们注意的问题。在炎热的夏季，孩子们可以吃西瓜、喝冷饮，感受空调和电扇带来的凉爽。玩水也是夏季孩子们最感兴趣、最开心的一项活动。

主题活动“火辣辣的夏天”通过实施一系列有益、有趣的游戏和活动，让每个孩子感受、了解夏季明显的季节特点，掌握粗浅的防暑降温和夏季安全保护的方法，初步了解人们在夏季的生活特点。

请思考：什么是主题活动？

第一节　综合主题教育活动概述

一、综合主题活动的内涵

综合主题活动也称整合课程，是指围绕着贴近儿童生活的某一中心内容（即主题）作为组织课程内容的主线来组织教育教学的活动。它打破学科领域的界限，根据主题的核心内容，确定主题展开的基本线索，再顺着这些基本线索，确定主题的具体内容，并创设相关的教育环境，组织开展一系列教育教学活动。

综合主题活动由多元智能活动发展而来，多元智能最初是由美国著名心理学家、哈佛大学教授霍华德·加德纳博士提出的，他认为传统的评价儿童智力的方式是错误、单一且片面的。加德纳博士指出，人的能力是多元化而非单一的，由语言能力、数学能力、空间智能、身体运动智能、音乐智能、人际智能、自我认知智能和自然认知智能等八方面组成。这八方面的智能在不同的个体上表现得不一样，所以教育工作者不能以单一的智能评价婴幼儿。教学型主题活动就是在此基础上产生的，以一个特定话题为中心，并进行延伸扩展，进而形成更多的话题和活动，在活动中还贯穿语言、数学、运动、音乐、人际等能力的学习。

例如，以“秋天到了”为主题的活动，就是以秋天为中心，然后扩展到秋天的天气、秋天的果实、秋天的树叶等几部分内容；再把每一部分化为具体活动，如“秋天的果实”这部分，可分为四个活动：果实分类（数学），采摘果实（自然认知），捡果实（健康活动），关于秋天果实的散文诗歌（语言、音乐）。

综合主题活动是我们现今婴幼儿课程改革中一种新的趋势，它是在老师适时适度地引导和支持下，婴幼儿围绕着一个主题，进行自主观察、探索周围现象和事物的一系列活动。它具有连续性和发展性，更加贴近婴幼儿生活，适应婴幼儿的成长需要。在主题活动中，通过自发参与自主学习，自由表达，获得自身的发展，积累许多有意义的经验，可以说，这是一个具有发展潜质和蓬勃生命力的活动形式，它给婴幼儿教育模式注入了新的活力。

二、主题活动的特点

相对于传统的分科教学而言，主题活动有以下几方面特点。

1. 主题活动更接近日常生活　婴幼儿教育主题一般选择季节、节日及婴幼儿的兴趣点为话题，这样的话题较为贴近生活，更容易被婴幼儿接受，而且由于贴近生活，更具有实用性，能够“学以致用”，当婴幼儿运用自己所学的知识解决生活中的问题后，学习的兴趣会更浓厚。

2. 主题活动更具系统性　主题活动是以一个话题为中心进行延伸的活动，这个话题贯穿主题活动的始终，几个小的活动可构成一个小主题，几个小主题构成最后的大主题。

3. 主题活动更具灵活性　可以根据时间、季节、节日及婴幼儿的兴趣点制定主题的内容。可以定一个大主题，几个月完成，也可以定一个小主题，半个月或一个月完成。这种灵活的教学模式，是传统的分科教学所不具备的。

4. 主题活动更注重婴幼儿动手能力的培养，区域活动是其一大特色　区域活动是主题教学的一部分，每次主题活动时，都会相应地组织一些区域活动，在区域活动中，婴幼儿的想象能力、动手能力都会得到提高，有可能在某段时间内感到婴幼儿不像分科学那样能够学到很多知识，但是长久了就会发现，婴幼儿的能力在逐渐提高，而且知识面更广，且不仅仅局限于书本的知识。

三、主题活动的作用和意义

（一）能充分发挥婴幼儿的主观能动性

主题活动具有多样性和灵活性的教育优势，能充分发挥婴幼儿的主观能动性，让婴幼儿有兴趣去探索新知识。由于活动内容选自婴幼儿熟悉的生活环境，并符合婴幼儿的年龄，所以对培养婴幼儿自主探究的意识、习惯与能力有着非常重要的作用。例如，为了帮助婴幼儿缓解入园焦虑，感受上学的乐趣，老师设计的主题教育活动“我上学啦”，通过课前准备爸爸妈妈去上班的图片、小朋友上学的图片、小朋友向老师问好的图片及歌曲等，让婴幼儿在轻松愉快的活动中感受到园所的温馨，不知不觉间帮助婴幼儿熟悉环境、认识托育园、了解班级、适应集体，使他们感受到大家庭的温馨与快乐，喜欢上学。

（二）区域性

主题活动还有一个很大的特点就是区域性，可以让婴幼儿身临其境地亲自体验和感受活动的内容。例如，在进行春节主题活动时，老师可以把婴幼儿直接带到民俗展区，让他们亲自剪窗花、挂红灯、贴对联、敲锣打鼓舞狮子、拿起扇子红绸扭秧歌，还可以把“年”的来历用绘本的形式呈现在婴幼儿面前，让婴幼儿直观地了解传统文化的魅力，从小灌输“年”味。为了培养婴幼儿的画画兴趣，老师还可以精心设计一个主题墙“会跳舞的笔宝宝”，让婴幼儿大胆地拿起笔，尝试着在洁白的的纸上画出第一笔、第一幅作品，有直线、有曲线、有点、有圈，最大限度地锻炼婴幼儿的动手能力和握笔画画的兴趣。

四、常见的主题

（一）围绕婴幼儿自身开展的主题

1. 生理方面　身体的特征与功能；身体的发育与变化；身体健康、安全和保护。相应的主题有“我的眼睛用处大”“会动的小手”“小小营养师”“我长大了”等。

2. 心理方面　自己的爱好、兴趣、能力和情绪等，也可以和其他小朋友比较。相应的主题有“我喜欢……”“能干的双手”“我—你—他”“快乐的我”等。

（二）围绕自然环境开展的主题

从婴幼儿所处的自然环境中可探讨的内容，也十分丰富。

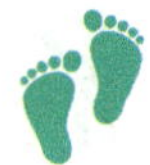

1. 动植物　“海底世界”“有趣的螃蟹”“动物怎么样保护自己”“秋天的树”等。

2. 自然现象　“小雨点”“台风来了”“小小气象员”等。

3. 季节变化　“不一样的冬天”“快乐的夏天”“我喜欢的季节”等。

4. 自然事物　“神奇的风”“好玩的水”“漂亮的沙城堡”等。

（三）围绕社会环境与生活开展的主题

婴幼儿的社会环境中可探讨的主要是婴幼儿的各种人际关系。随着其生活圈的逐渐扩大，这种关系越来越扩展为对社会机构、社会角色、不同地域的人、不同文化等更大范围的社会环境的关注。有关的主题有“我的家”“快乐的幼儿园”“我的朋友”“爸爸的工作”“超市”“警察叔叔辛苦了”“家乡小游”“过年了”“我是中国人”“我们一样，我们不一样”等。

另外，有关衣食住行方面的内容，也可产生出许多可探讨的主题，如“城市立交桥”“我们怎么样联系”“别让垃圾弄脏公园”等。

（四）围绕人类与科学技术开展主题

如“妈妈的助手——家用电器”“汽车总动员”“神奇的磁铁”等。

（五）围绕重大事件开展主题

如“台风来了”等。

第二节　综合主题活动设计与指导

一、综合主题活动设计的步骤

综合主题活动设计一般都会经历这样一个流程：选择主题→确立主题活动总目标→编制主题网络→进行环境创设→设计系列活动。下面将分步骤分别谈谈综合主题活动的设计及流程。

（一）选择与确定主题

“主题”是单元主题教育活动的核心。它既表明婴幼儿将要参与的系列活动，又表明他们将从中所获得的关键经验；同时又是老师选择组织学习内容、展开教育过程、创设教育环境的引航灯。因此，“主题”是单元主题教育活动设计的起点和灵魂。

主题教育活动的主题一般来自婴幼儿的生活。选择主题可有多个出发点。

1. 从课程目标出发　课程目标的实现需要相应的教育活动加以支持，因此，可从确定的课程目标出发，寻找相应的活动主题。例如，我们可根据《托育机构保育指导大纲（试行）》提出的“学习盥洗、如厕、穿脱衣服等生活技能”这一目标，选择“自己的事情自己做”“我会穿衣服啦”等主题。

2. 从婴幼儿的兴趣和需要出发 婴幼儿感兴趣的事物中可能包含有丰富的教育价值，可选作单元教育活动的主题。例如，几个孩子偶尔发现自己的影子在一天不同的时间里是不一样的，感到十分惊奇。如果老师敏感地发现了其中的意义，就会产生一个“我与影子”的主题。再如，初入园的婴幼儿对陌生的环境、陌生的老师会缺乏心理安全感而产生适应困难。这时，“快乐上学记”“园所就像我的家”之类的主题，可能会帮助婴幼儿了解托育园所，对园所、老师、同伴和集体生活产生亲切感，从而减轻或消除焦虑。

3. 从现有的“内容”或“材料”出发 有些学习内容或学习材料会有规律地呈现，如“一年四季的变化”“与婴幼儿有关的节日”等，按季节和节日这两条线索选择主题，发掘其中的教育价值，是单元主题教育活动设计经常采用的方法。另外，有一些内容也会不期而至，成为难得的“主题”。例如，家长送来了几个大的纸质包装箱，就能够产生出“小小设计师”的主题。

4. 从意外事件出发 在教室、社区、自然界，几乎每天都有意外之事：蝴蝶飞进教室了、洗手时水停了、散步时发现毛毛虫了等都可能被老师利用到构建主题的活动中。

适宜的主题产生之后，可以考虑给它起一个能够突出单元主题教育活动的目的与中心的名字，以此提醒老师关注教育活动的重点，并帮助家长了解婴幼儿学习的内容。

不过，在命名时，应首先考虑是否能被婴幼儿理解，是否符合婴幼儿的审美情趣。一个好听，但牛头不对马嘴的名称可能会造成对该学习单元的误解。

（二）确定主题活动总目标

主题活动目标就是孩子通过主题活动可以获得什么。确定主题目标需要经过主题内容分析、学情分析及目标陈述三个步骤。

1. 主题内容分析 主要是通过发散性思维，将主题所蕴含的所有内容都罗列出来，然后进行筛选，留下适合孩子年龄特点的学习内容，最后，将婴幼儿能够学习的内容之间的逻辑关系理清。

2. 学情分析 需要明确三个问题，即围绕主题，婴幼儿的已有经验是什么，婴幼儿的认知特点是什么，婴幼儿的学习特点是怎样的。

3. 目标陈述 是根据认知、动作和情感三个维度将可能的目标罗列出来，然后加以遴选和陈述。

例如，在“各行各业”这个主题中，我们的目标就是希望孩子了解各行各业不同的工作者对社会的贡献，知道在生活中如何运用各行业的资源，尊重并感谢各行各业工作的人；了解不同职业的差异，培养孩子的观察分析能力；同时在做游戏的过程中，体验社会

生活中人与人之间存在的密切关系等。

（三）编制主题网络

主题网络编制可先通过发散性思维将可能的活动内容罗列出来，然后根据内容的教育价值和可行性进行选择。最后将选择好的活动，根据婴幼儿的学习规律按照一定的格式进行编排，一般按照时间顺序编排。具体流程可参考以下步骤。

1. 整理主题相关的教育内容

（1）头脑风暴：老师尽可能围绕主题展开自己的思想，写下自己所能想到的任何与主题相关的字词，并且这些字词尽可能特别和具体。

（2）归类：将记录着不同字词的纸条按类别分组，尽量把性质相同的字词归到同一类别中，以此了解每一组的特色性质。

（3）命名：选择合适的字词或短语概括已经归类的每一组，即为每一组设计一个标题。

（4）交流：如果是和同事一起制作主题网，可以分享、讨论。

（5）连网：最后将这些字词按组使用网状图连接起来，直观地看到主题的各个活动和所涉及的领域。

2. 主题网示意图　如图9-1所示。

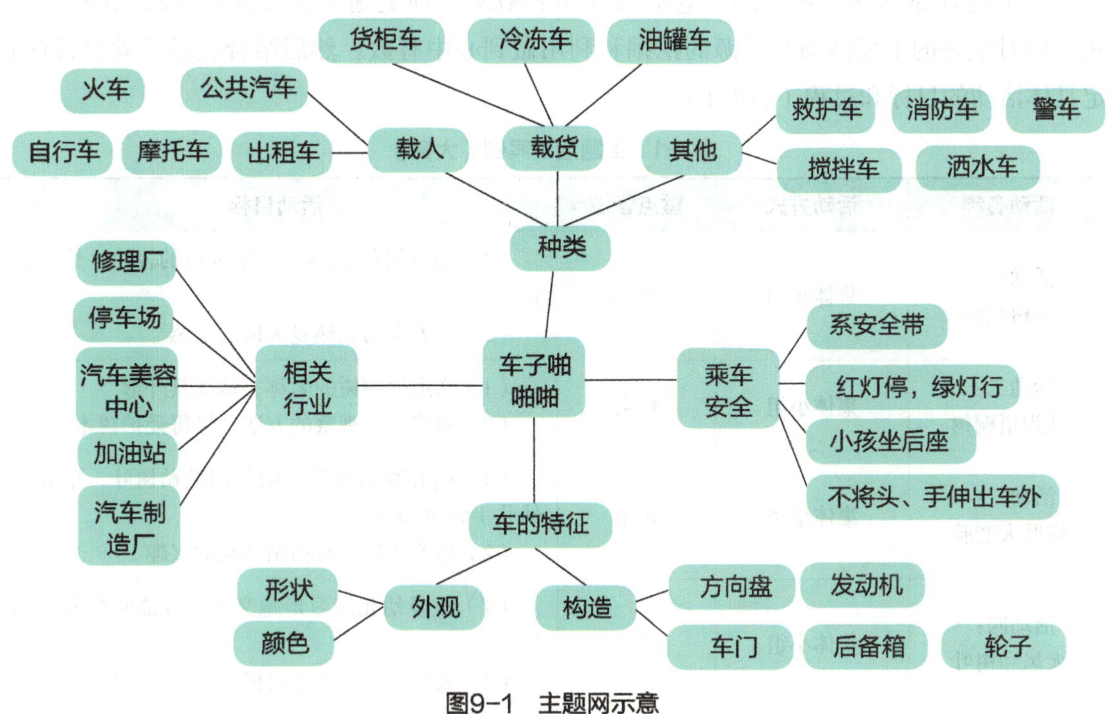

图9-1　主题网示意

3. 均衡各领域的学习内容 婴幼儿是一个“完整”的人，是需要全方位发展的。因此，我们在主题网络的基础上按领域规划教育内容，从中可以看出每个领域活动是否均等。如果不均等，再补充活动，使婴幼儿的学习达到平衡。

（四）环境创设

环境创设包含了主题墙的设计、区域活动调整及材料投放、为生活活动服务的资源准备、家园共育项目的设计。

根据主题课程需要，可以给婴幼儿创设自主开放的活动区域，如美工区、语言区、音乐区、数学区、科学区、生活区、智能区等。老师根据各区域的功能及主题活动内容，为婴幼儿提供各种活动材料，并利用墙壁、空间展示老师与孩子和家长收集的同主题有关的图片、照片、事物等资料，通过对这些资料进行分析、归类、整理，引起婴幼儿研究主题的兴趣和学习动机。例如，主题活动“十二生肖”环境布置：语言区——讲《十二生肖的故事》、儿歌；数学区——十二生肖模式排序；音乐区——表演《十二生肖歌》；科学区——动物过冬；生活区——绕动物相框；美工区——制作版画《十二生肖》；智能区——智力拼图兔子等；为婴幼儿创设良好的学习氛围。

（五）设计系列活动

为了更好地开展主题活动，老师可以用表格来梳理主题活动安排的思路和顺序、时间，以对主题的主要活动及资源的挖掘和利用做到心中有数。然后结合主题活动总目标制定具体活动的目标和过程（表9-1）。

表9-1 主题活动案例《大树》

活动名称	活动方式	重点领域	活动目标
活动一：大树妈妈	集体小组	艺术	（1）引导婴幼儿感受音乐表达的轻松、愉快的情绪 （2）培养婴幼儿热爱大树的情感
活动二：认识梧桐树	集体小组	社会	（1）知道梧桐树的名称，认识其外形 （2）初步掌握观察的方法，懂得爱护树木
活动三：树叶大变脸	集体小组	艺术	（1）引导婴幼儿学习用浆糊粘贴树叶，培养婴幼儿手眼协调能力 （2）培养婴幼儿对粘贴活动的兴趣
活动四：大风和树叶	集体小组	动作	（1）教婴幼儿练习走跑交替，并能听信号做动作 （2）激发婴幼儿产生对树叶的热爱之情
活动五：大树叶与小树叶	集体小组区域	认知	（1）能分辨大树叶和小树叶的不同 （2）能用目测的方法比较物体的大小，并大胆地在集体面前讲述

二、综合主题活动方案的结构

一般来说，一个主题设计方案中包含活动主题（主题名称、背景分析）、活动目标、环境创设、主题系列活动四部分。

（一）活动主题

1. 主题名称 主题是某个活动的名字，要高度概括活动的内容，既能传递综合实践活动某一活动或项目的主要信息，又能吸引婴幼儿，因此，表述好一个活动的主题十分重要。

综合实践活动主题的题目要醒目具体、准确，要准确反映活动主题的内容、范围及研究的深度，特别是关键词的选用要准确、贴切，切忌模糊。如“认识交通”“做文明礼貌的好孩子”这几个主题，从标题中，能够非常清楚地反映主题的相关内容。

2. 活动背景 什么是活动背景？其实就是需要考虑为什么要选择这样一个主题。可以简要阐述主题形成的经过或起因，简要分析主题的内在价值。在活动背景的描述中，忌将整个课程设置的背景或整个新课程的背景作为一个主题活动的背景，缺乏针对性，不利于老师理清设计思路。

（二）活动目标

主题目标一般包含有三个方面，即认知、动作技能和情感。主题活动不是几个目标，而是包括主题活动总目标和各个活动具体目标两个层次。目标要明确、形成系列，这样活动才会系统地组织，避免随意性。由于主题活动往往需要在较长的时间内完成，所以目标一定要全面。老师要全面考虑主题活动涉及哪些领域，每个活动可能有助于实现哪些总目标。一个活动可能针对某一个目标，也可能针对几个目标；而某个目标则可能通过几个活动共同实现。如果总目标中的某些条目没有对应的活动，那么就需要考虑增加相应的内容。

将课程总目标细化成可操作的具体主题活动的目标，是有计划、有步骤地落实课程的总目标的关键之所在。而在活动主题确定以后，活动计划实施的各阶段、一次具体活动、不同类型的活动，在目标的制定上均有要求。

（三）环境创设

环境创设包括主题墙的设计、区域活动调整及材料投放、为生活活动服务的资源准备、家园共育项目的设计。环境为教育目标服务，部分环境要素需要随着主题的变化而变化。

（四）主题系列活动

主题系列活动是实现目标的过程与安排。开展此类活动要考虑两个因素，一是活动内容，二是活动之间的关系和时间顺序。

三、主题活动方案示例

主题活动：做文明礼貌的好孩子。

（一）主题背景

托班（2~3岁）幼儿在“娃娃家”游戏中，接待“客人”主动热情，与长辈交往很有礼貌，可家长却说，孩子在家不是这样的，有客人来了很少打招呼，还经常对爷爷奶奶发脾气。孩子自控能力差，对家长有强烈的依赖心理，部分家长溺爱孩子，对他们放松要求；保护过多，对孩子包办代替；教育方法不得当；忽视了家庭与托育园教育的一致性。由此可以生成教育主题：做文明礼貌的好孩子。

（二）主题教育目标

1. 认知目标

（1）能说出文明礼貌的行为表现，包括在托育园所和在家里。

（2）在托育园所和家里都能表现出文明礼貌的言行。

2. 动作技能目标

（1）能每天主动为妈妈做一件事。

（2）每天能对照顾自己生活的家人说一句：“您辛苦啦，谢谢您！”

3. 情感与态度目标 积极参与各项活动，为自己是一个“文明礼貌的好孩子”而自豪。

（三）环境创设

1. 游戏区调整 在表演区投放熊大和熊二的手偶。

2. 主题墙规划 一部分展示文明礼貌的言行图示，另一部分用于展示婴幼儿在家和在园的文明礼貌言行图片。

3. 家园共育 提前告知家长本周主题教育目标和家庭教育的要求，即动作领域的目标要求；请家长拍摄婴幼儿在家的文明礼貌言行录像与照片，并及时将电子稿发送给老师。

（四）主题系列活动

1. 主题系列活动安排 如表9-2所示。

表9-2 主题系列活动安排

时间	活动名称	活动类型	地点	主要内容	组织形式
周一	故事欣赏《小熊家请客》——根据绘本《小熊请客》改编	语言领域	活动室	小熊请客，小狐狸没礼貌，大家都不喜欢它	集体教学
周二	谁是文明礼貌的好孩子	社会领域	活动室	围绕熊大和熊二的言行进行讨论，提出文明礼貌的言行要求	集体教学、分组讨论后汇报

2. 系列活动方案

【活动 1】

语言领域“小熊请客”

1.活动目标

（1）能用较连贯的语言讲述故事中的对话。

（2）教育幼儿爱劳动、有礼貌。

（3）乐意与同伴分享快乐。

2.活动重难点

（1）活动重点：教育幼儿爱劳动，有礼貌。

（2）活动难点：引导幼儿用较连贯的语言讲述故事中的对话。

3.活动准备

（1）小熊、小猫、小狗、小公鸡头饰和图片。

（2）创设小熊请客的场景：一张桌子，上面摆放用盘子盛好的食物（小鱼、肉骨头、萝卜图片）。

（3）小鸡、小鸭、小羊等动物图片及相应的食物图片。

（4）《小熊请客》故事、婴幼儿用书。

4.活动过程

（1）导入：出示小熊图片及各种食物图片，激发幼儿对故事的兴趣。

老师：“小朋友，看，谁来了？今天小熊请客，准备了这么多好吃的，请你们猜猜它要请谁呢？”（婴幼儿自由猜测）

老师：“让我们一起听听故事，看看到底请的谁？”

（2）引导婴幼儿看挂图、听故事，了解故事内容。

老师利用挂图边讲故事边根据故事情节提问，请幼儿挑选合适的动物图片。小猫来了，小熊要请它吃什么？小狗来了，小熊要请它吃什么？小公鸡来了，小熊要请它吃什么？三个小动物最后对小熊说什么？为什么要这样说？

（3）老师利用动物玩具为幼儿讲故事，引导幼儿了解几句常用的礼貌用语：“你好”“请”“谢谢”。

（4）分角色表演，学说礼貌用语。

1）老师讲故事，鼓励扮演小动物的幼儿模仿小动物进行对话。（反复请不同婴幼儿进行）

2）老师请几名幼儿戴上动物头饰，利用食物分角色表演故事。

5.活动延伸

（1）在角色区组织幼儿玩“娃娃请客”的游戏。

（2）回家请爸爸妈妈帮助了解更多小动物的食性。

附　故事《小熊请客》

小熊正在家里忙着，它把地扫干净，桌子、凳子擦干净，把三盆菜：小鱼、肉骨头、小虫子放在桌上。忽然，听到敲门的声音，小熊忙问：“谁呀？”“我是小猫咪。”“欢迎你！欢迎你！”小熊把门打开，请小猫咪进来，又把门关好。小猫咪把礼物送给小熊。小熊说：“谢谢你，谢谢你，我也请你吃东西。这是小鱼、肉骨头和小虫，随便吃，别客气。”小猫咪说：“肉骨头、小虫我不爱，小小鱼儿我最欢喜。”小猫咪正要吃东西，小花狗来了，它把礼物送给小熊。小熊说：“谢谢你，谢谢你，我也请你吃东西。这是小鱼、肉骨头和小虫，随便吃，别客气。”小花狗说：“小鱼、小虫我不爱，肉骨头我最欢喜。”这时候，小公鸡也来了。它把礼物送给小熊。小熊说：“谢谢你，谢谢你，我也请你吃东西。这是小鱼、肉骨头和小虫，随便吃，别客气。”小公鸡说：“小鱼、肉骨头我不爱，小小虫儿我最欢喜。”忽然，“咚咚咚”响，谁在使劲敲门。小熊问：“谁呀？”狐狸在门外大声叫：“快开门！我是大狐狸！”小熊吓了一跳：“哎呀！原来是这个坏东西来了。”小熊，小猫咪，小花狗，还有小公鸡凑在一起想办法，小熊说：“我盖房子的时候，还剩下好些石头，我把石头分给你们，等一开门，咱们就一块儿拿石头打它！”大家说：“好！”小熊赶快把石头分给了大家。小熊把门打开。狐狸一进门就喊：“快把好吃的东西拿来！”“给你！给你！给你！”大家一边喊着，一边向狐狸扔石头。狐狸抱着头直叫：“哎呀，哎呀，疼死我喽！”连忙夹着尾巴跑掉了。大家哈哈大笑，一起唱起歌、跳起舞来，玩得真快乐。

【活动2】

情感与社会领域“谁是文明礼貌的好孩子”

1.活动目标

（1）知道一些生活常用的礼貌用语，知道礼待他人。

（2）将礼貌用语实践在生活中，并了解在什么情况下用什么样的礼貌用语。

（3）能体验礼貌用语带给我们的乐趣。

2.活动准备　图片、多媒体、铅笔、剪刀。

3.活动重难点

（1）活动重点：让幼儿知道生活用语并能将礼貌用语应用到生活中。

（2）活动难点：让幼儿了解在什么情况下用什么样的礼貌用语。

4.活动过程

（1）导入环节：谈话导入。

老师："小朋友们，今天老师发现了一个问题，有些小朋友在早上来园时见到老师什么都没说，小朋友知道早上见到老师要说什么吗？"（幼儿答）

老师："下午的时候又要说什么呢？"（幼儿答）

老师："小朋友都很聪明，那你们知道可以用哪一个词来形容这些语言吗？"（幼儿讨论回答）

老师："我们将这些语言叫作礼貌用语。"

（2）引导幼儿挖掘生活中常用的礼貌用语。

老师："在我们的生活中有很多礼貌用语，你们知道哪一些，说说在什么时候用。"（幼儿举手回答，老师总结幼儿的回答）

老师："宝贝们回答的都不错，原来呀，我们的生活中有这么多礼貌用语。"

（3）看视频，寻找礼貌用语，加深印象。

老师："现在我们来看一段视频，看完之后，请小朋友说说你都听到了哪些礼貌用语？"（视频是到朋友家去做客还有吃饭的场景）"刚才你们说了你们看到的、听到的，小朋友有没有发现在我们与他人见面时要说什么呀？"（幼儿答）

老师："对了，当我们与他人见面时要问好，那么与他人分开时要说什么？"（幼儿答）

老师："宝贝们真聪明，小朋友发现没有，当大人给我们东西时我们该说什么？"（幼儿答）

老师："你们到谁家去做过客？有用到这些语言吗？"（幼儿答）

（4）情景模拟，使用礼貌用语。

老师："嗯，宝贝们说的都很好，现在呀，我想请几个小朋友来表演一下去朋友家做客。"（情景表演）

思考总结："宝贝们有没有注意到视频中当大人给小朋友东西时小朋友是怎么做的呀？"（幼儿答）

老师："小朋友真厉害，当大人给我们东西时，我们不仅要说谢谢，而且还要双手接过来。"

（5）辨别礼貌行为。

老师："现在我们再看一些图片，说说图片中的小朋友做的对不对。"（图片是一些小朋友递东西给其他小朋友，有对的也有错的，由幼儿说出自己的看法之后

老师总结）

老师："看来，递东西、接东西也有很多要注意的地方，比如我们要注意在递东西时不要将尖对着他人，接东西时要注意用双手接过来。现在，你们的桌子上有铅笔和剪刀，请你们现在将它们递给其他宝贝，注意礼貌哦。"（老师观察幼儿的动作并进行总结）

5.活动延伸

老师："宝贝们，我们知道这么多礼貌用语并知道在什么时候用它，要记得在生活中用它们，下次去朋友家做客时要做一个懂礼貌的好孩子。"

拓展活动

现在的人们生活质量提高了，但是环保意识没有跟上。马路上垃圾箱设了很多，可垃圾还是到处都有；河岸边也有垃圾箱，可河面上依旧会有漂浮的袋子。虽然有环卫工人做清洁工作，可是效果甚微。看来光靠清洁是没有用的，只有唤醒人们的环保意识，才能让环境变得整洁美丽。而从小做起，从婴幼儿做起也是我们不可忽视的一个重要方面。请以"环保"为主题，设计托班教育活动。

要求：

（1）写出主题活动的总目标。

（2）围绕主题设计三个子活动。写出其中一个子活动的具体活动方案，包括活动名称、目标、准备和主要环节。

（3）写出另外两个子活动的名称、目标。

讨论与思考

综合主题活动也称整合课程，是指围绕贴近婴幼儿生活的某一中心内容即主题作为组织课程内容的主线来组织教育教学的活动。相对于传统的分科教学而言，主题活动更接近日常生活，更具系统性、灵活性，更注重婴幼儿动手能力的培养，区域活动是其一大特色。主题活动能充分发挥婴幼儿的主观能动性，可以让婴幼儿身临其境地去亲自体验和感受活动的内容。常见的主题有围绕婴幼儿自身开展的主题、围绕自然环境开展的主题、围绕社会环境与生活开展的主题、围绕人类与科学技术开展的主题、围绕重大事件开展的主题。

综合主题活动设计一般都会经历这样一个流程：选择主题→确立主题活动总目标→编制主题网络→进行环境创设→设计系列活动。一般来说，一个主题设计方案中包含活动主题（主题名称、背景分析）、活动目标、环境创设、主题系列活动等四个要素。

扫码看同步练习